iphigenie in petto   Ein Schauspiel

Drei Schauspieler einer kleinen Theatertruppe treffen nacheinander auf der Bühne ein. Sie hatten sich vorgenommen die Iphigenie auf Tauris einzustudieren und um diese Arbeit mit mehr Sorgfalt und Ruhe tun zu können, haben sie sich bereit erklärt, gegen Honorar in einer Talkshow aufzutreten. Die Aufzeichnung läuft bereits. Orest, Iphigenie und Pylades verfolgen sie auf einem Monitor, nutzen die Wartezeit aber auch zum Probieren. Da fügt sich unversehens die Wirklichkeit der Fernsehtalkshow, in der die asylsuchende Landfremde, Elektra, ihre Familiengeschichte erzählt, in die Bedenklichkeit des Goethestücks. Das macht ihnen die Sache fraglich.

Ganz gegen die Absprache betritt im zweiten Aufzug die Darstellerin der Iphigenie viel zu früh die Talkshow und trifft auf die Schwester Elektra. Iphigenie ist nicht bereit, auf's Stichwort des Moderators die genehmen Beiträge zu liefern; sie entwickelt aus ihrer Rolle heraus einen Kontext zur Erzählung der Elektra. Es gelingt ihr, das bis dahin chaotisch agierende Publikum der Show auf die Seite der Schwestern zu ziehen. Thoas wehrt sich vergebens gegen die schleichende Übernahme seiner Show. Er beginnt Iphigenie, später auch das Publikum zu beschimpfen. Das wendet sich nun ganz gegen ihn. Pylades eilt hinein, macht sich zum Chorführer und bringt die Zuschauer mit einfachen Versen und Spottgesängen zum Mitmachen. Thoas kann sich nicht länger halten in der eigenen Show, er wird nicht mehr gehört sondern rhythmisch hinausgeklatscht. Elektra, unterstützt von Iphigenie und Pylades, fährt in der Erzählung der Geschichte der Tantaliden fort, bis sie zur Ermordung ihrer Mutter Klytemnästra kommt. Auf's Stichwort betritt Orest die Talkshowarena. Einmal in Thoas Reich und damit in der „Gefangenschaft" des grausamen Barbarenvolkes, zeigt er sich bereit, die hier übliche Opferung jedes Eindringlings und alles Fremden auf dem Altar der Göttin auf sich zu nehmen.

Wie Pylades das Publikum der Talkshow in die Zwangslage bringt, den tragischen Muttermörder selbst zu verurteilen oder loszusprechen, wie sich die Rede der befreit Auftretenden zur Sprachmusik verdichtet und wie sich schließlich das Ganze im kalten Licht der medialen Bluebox auflöst, das muß man schon sehen oder lesend sich vorstellen können.

Manfred Brinkmann, geboren 1948, studierte in Hamburg
Literatur und was darin vorkam, lebt heute in
Schleswig-Holstein.
Veröffentlichungen:
   Sonstwo - Roman -   ISBN 3-89811-323-X
   Der kleine Rilke-Baukasten
   (erscheint im Frühjahr 2000)

Umschlaggestaltung: Karin Kessler
Alle Rechte vorbehalten

Herstellung: Libri Books on Demand

ISBN 3-8311-0030-6

iphigenie in petto

Ein Schauspiel
in zwei Aufzügen
von Manfred Brinkmann

Personen:

SCHAUSPIELERIN	Darstellerin der Iphigenie
ERSTER SCHAUSPIELER	Darsteller des Orest
ZWEITER SCHAUSPIELER	Darsteller des Pylades
THOMAS THOAS	Moderator
ZWEI BÜHNENARBEITER	

Stimmen aus dem off vom Band:

ELEKTRA	sie soll von der Darstellerin der Iphigenie gesprochen werden,
EIN ANSAGER	
ZWISCHENRUFER	
DER CHOR	

ERSTER AUFZUG

Die Szene stellt eine Bühne dar, die im Hintergrund quer durch einen geschlossenen schwarzen Vorhang (Sofitte) von Räumen abgetrennt ist, in denen gerade eine Veranstaltung stattfindet. Der Vorhangstoff ist nicht glänzend, das schwache Bühnenlicht wird im Hintergrund beinah verschluckt. Auf der Bühne links stehen nebeneinander zwei Stühle, die zur linken Seite hin ausgerichtet sind. Davor befindet sich ein kleiner runder Tisch. Von links wird ein Monitor mit flackerndem, fahlblauen Licht in die Szene hineinstrahlen. An der rechten Seite nahe der Rampe ist ein Putzwagen abgestellt, darin zwei Eimer mit Wischlappen, Handfeger und Kehrblech, Besen und Schrubber.

Das Licht ist grau gedämpft.

Der Vorhang geht sehr langsam auf, in der Bühnenmitte, direkt hinter dem sich öffnenden Vorhang zum Zuschauerraum hin ausgerichtet steht Thomas Thoas. Er hält wie in großer Erschöpfung oder tiefer Konzentration das Gesicht mit den Händen bedeckt. Nach einer Weile schaut er auf seine Armbanduhr. Er wendet sich nach rechts, geht an den Stühlen vorbei zur Seitenbühne und schaltet den Monitor ein. Sofort mit dem Erscheinen des bläulichen Flackerlichts hört man Geräusche eines entfernten Publikums, Trampeln, Klatschen, Pfeifen, Stimmengewirr. Thoas geht quer über die Bühne, schaut auf seine Armbanduhr, dreht sich ruckartig um, sieht angestrengt zum Monitor hinüber, bleibt in der Bühnenmitte stehen. Er hört dem Einführungsvortrag zu, nach einer Weile ordnet er seinen Anzug, steckt den Schlips zurecht, fährt sich über die Haare und stellt sich dicht vor dem rückwärtigen schwarzen Vorhang auf. Er verharrt so.

In den Lärm hinein versuchte sich währenddessen eine Stimme zu Gehör zu bringen, räuspert sich.

ANSAGER: „Meine Damen und Herren . . . meine Damen . . . zieh doch mal das Mikro auf *jetzt lauter, die Publikumsgeräusche ebben ab* Liebes Saalpublikum, Sie haben sich ja nun auf Ihren Plätzen eingerichtet, bevor es gleich richtig losgeht noch ein paar Informationen vorweg. Wir machen heute wie immer, die Profis unter Ihnen, die immer wieder gern kommen, weshalb sie auch ganz hinten sitzen müssen, wir brauchen auch als Publikum immer mal wieder ein paar neue Gesichter, die Profis unter Ihnen, unsere immer wieder gern gesehenen Stammgäste, wissen das ja längst, wir machen auch heute, wie an jedem Produktionstag zwei Talkshows, zu denen wir ihre tatkräftige Unterstützung erwarten. Damit Sie bei Kräften bleiben, bekommen Sie in der Pause draußen einen kleinen Imbiß,

1. ZWISCHENRUF: Ja, Käseschnittchen und Dauerwurst!

2. ZWISCHENRUF: Und dauernd die gleiche Suppe!

3. ZWISCHENRUF: Nicht die gleiche, genau dieselbe Erbsensuppe wie gestern, bloß noch stärker verkocht!

ANSAGER: Also meine Damen und Herren, in der Pause können Sie sich wieder an unserem beliebten Imbiß stärken, kalte Platten und eine heiße Suppe, wozu wir sie herzlich einladen. Nach der Pause gruppieren wir Sie dann ein bißchen um, damit wir für unsere Fernsehzuschauer ein paar neue Gesichter nach vorne bekommen. Ach ja, ich sag Ihnen noch schnell die Themen für die nächsten Produktionen, vielleicht können Sie ja ein paar Nachbarn oder Freunde für unsere Shows begeistern, möglichst die, die noch nicht hier waren. Da hätten wir am Montag: Ich find's zum Kotzen - Eßstörungen und als zweites: Dein Job macht dich zum Wichtigtuer. Dann am Dienstag: Oma und Opa, ich kann's nicht glauben - ihr habt noch Sex! Und als zweites: Ich will Kontakt mit dem Jenseits. Am Mittwoch kommt: Chaos! Aus der Affäre wurde mehr. Und als zweites: Mir reicht's! Immer will sie nur das Eine! Das wär's für die nächste Woche. So, und nun ist es gleich soweit und unsere heutige Aufzeichnung beginnt, Sie wissen über alles Bescheid, wir haben alle Arten von Beifall geprobt zusammen, wir haben Sie rundum fit gemacht für Ihre Aufgabe, machen Sie jetzt mit in unserer Show, auf Sie kommt es an, denken Sie daran, ohne Sie sind wir gar nichts, wir zählen auf Sie, wir brauchen Sie, Ihre Reaktionen sind gefragt, nehmen Sie Anteil, melden Sie sich, mischen Sie sich ein, sagen Sie allen Ihre Meinung, hier haben Sie mal die Chance, halten Sie mit nichts hinter'm Berg, das ist Ihre Show, also machen Sie was draus, machen Sie mit, rasen Sie, toben Sie und fangen sie jetzt gleich an mit einem Wahnsinnsapplaus, hier kommt Ihr Moderator: Thoomasss Thoooass!

Es ertönt ein Jingle, ThomasThoas zögert einen Moment, streckt dann die Hände vor, teilt den Vorhang mit einer entschlossenen Bewegung und geht von der Bühne. Rasender Applaus, Pfiffe, Füßetrampeln, nicht enden sollender Beifall.

THOAS: Danke, meine Damen und Herren, vielen Dank. . . . danke . . . danke für diesen warmen Empfang. . . ich bedanke mich recht herzlich . . . schön, daß Sie alle gekommen sind zu unserer neuesten Ausgabe von Thoas' Themen! Thoas Thema heute ist: Hilfe, meine Familie ist verflucht . . . Kennen wir das nicht alle, meine Damen und Herren, so Tage, an de-

9

nen nichts gelingen will, Tage an denen wir schon vor dem Frühstück dreimal gesagt haben: verflucht noch mal, was ist bloß los! Tage, an denen wir am liebsten gleich wieder ins Bett gehen würden; Tage, an denen wir tatsächlich am besten gar nicht erst aufgestanden sondern im Bett geblieben wären. Erst will die Zahnpastatube nichts hergeben und dann, kaum haben wir auch nur ein klitzekleines bißchen mehr gedrückt als üblich, schon spritzt das ganze weiße Zeugs überallhin. Schon beim Anziehen mußten wir feststellen, daß sämtliche Sockenpaare sich beim Waschen auf Dauer getrennt haben,

Pfiffe, Gelächter

und das Kaffeepulver haben wir zwar in aller Hast noch ordentlich in den Filter bekommen, bloß die Filtertüte haben wir leider vergessen. *Pfiffe, Gelächter* Kennen wir das nicht? Doch, das kennen wir, und was sagen wir dazu?

Von rechts betritt Orest die Vorbühne. Er trägt eine Aktentasche unter dem Arm. Er bewegt sich unsicher über die Bühne, sieht schon aus einiger Entfernung mit zusammengekniffenen Augen zum Monitor hinüber, nähert sich und setzt sich dann auf einen der Stühle.

Da sind wir wohl mit dem falschen Bein aufgestanden, sagen wir dann und wissen, es kommen auch wieder bessere Tage. Durchaus ärgerlich, aber Schwamm drüber! Denn wir kennen doch alle auch Leute, die haben nicht nur mal einen schlechten Tag, die haben ganz überwiegend schlechte Tage, die haben dauernd schlechte Karten, denen geht das ständig so.

ZWISCHENRUF: Aber genau!

THOAS: Gibt's nicht auch bei Ihnen in der Firma oder in der Nachbarschaft einen, dem das Pech wie Hundedreck an den Sohlen klebt?

Lachen, Gejohle

Kennen Sie nicht auch so einen Dauerpechvogel, der sich beim Nasebohren schon mit großer Wahrscheinlichkeit den Finger bricht. Wo hundert andere ohne besonders achtsam gewesen zu sein, traumhaft sicher an der Bananenschale vorbeigekommen sind, da tritt er mit traumwandlerischer Sicherheit mitten hinein.

Gelächter, Pfiffe

Doch, wir alle kennen solche Tolpatsche, solche Pechvögel, selbst die Wissenschaft kennt sie und nennt sie: Unfallpersönlichkeit . . .

Gelächter

jaja, die Wissenschaft. Wir nennen sie einfach Pechvögel, diese dauernd von Pleiten, Pech und Pannen bedrohten Zeitgenossen, und wir bedauern sie von Herzen. Aber diese Bedauernswerten sind nichts, wirklich gar nichts, gegen den Gast, den wir heute haben. Sie hat nicht mal eben einen schlechten Tag, wie wir alle, sie ist auch kein Pechvogel der üblichen Art, der ständig über die eigenen Beine stolpert, sie hat ein schreckliches Geschick, ihr Leben ist von allem Anfang an zerstört, genauso wie das Leben ihres Bruders, genauso wie das Leben ihrer Schwester. Und das ganz und gar ohne eigene Schuld. Wo wir leichtfertiger Weise einmal: verflucht! sagen, verflixt und zugenäht, verdammt nochmal, da kann sie mit vollem Recht sagen: Hilfe, meine Familie ist verflucht! Bitte begrüßen Sie mit einem aufmunternden Applaus unseren heutigen Gast, meine Damen und Herren . . . *verhaltener Beifall* . . . Vielleicht stellen Sie sich selber vor und sagen uns, woher Sie kommen.

ELEKTRA: *spricht langsam und stockend* Meine Name ist

Elektra, ich stamme . . .

über den Namen gibt es im Publikum Gelächter.

ELEKTRA: Mein Name ist Elektra . . . ich stamme aus Mykene . . . *wieder gibt es im Publikum Gelächter. Auf der Vorderbühne öffnet Orest seine Aktenmappe, nimmt ein Textbuch
heraus und blättert darin herum.*

ZWISCHENRUF: Sie ist die Elektrische aus Mykene!

Lachen, Pfiffe.

ELEKTRA: Ich bin die Tochter des Agamemnon und der
Klytaimnestra.

Lachen, Pfiffe, Johlen.

ELEKTRA:*beginnt ihre Aufzählung langsam,wie unbeteiligt*
Mein Name ist Elektra . . . ich stamme aus Mykene, ich bin
die Tochter der Klytaimnestra und des Agamemnon, der ein
Sohn war des Atreus und der Aerope. Mein Großvater Atreus
war ein Sohn des Pelops und der Hippodameia, mein Urgroß-
vater Pelops war ein Sohn von Tantalus. Von meinem Ururgroßvater heißt es, er sei ein Sohn der Pluto und des Tmelos
gewesen .

ZWISCHENRUF: Ja, ja Pluto, wuff, wuff

Gelächter, Getrampel

ELEKTRA: . . . manche sagen, er war der Sohn des Zeus.

ZWISCHENRUF: Ja beim Zeus, der wird's gewesen sein.

Gelächter und Pfiffe

ZWISCHENRUF: Der ist schon ein Stier gewesen, der
Zeus.

Pfiffe, Gelächter

ELEKTRA: Seit der Zeit meines Ururgroßvaters Tantalus
ist meine Familie verflucht.

Getrampel, Gelächter. Auf der Vorderbühne steht Orest auf, geht im folgenden auf der Bühne herum und hält dabei wie ein Kurzsichtiger das Textbuch weit von sich. Er murmelt halblaut Sätze vor sich hin, sieht vom Blatt weg ins Leere und stutzend zurück auf das Blatt. Er folgt so memorierend dem vorgeschriebenen Text, indem er dem weit von sich gehaltenen Buch in Mäandern über die Bühne nachgeht.

THOAS: Wenn ich wieder um etwas Ruhe bitten dürfte, meine Damen und Herren! Danke! Sie sehen, die ist nicht von schlechten Eltern, diese Elektra. Und sie ist ganz und gar nicht aus schlechtem Hause, wie wir demnächst noch genauer erfahren werden. Sie stammt nämlich aus dem Herrscherhause von Mykene. Aber mehr noch, sie ist nicht nur königlichen Geblüts, wie man so sagt,

Gelächter

THOAS: sie ist sogar göttlicher Abstammung! Da schauen Sie, was? Sehen Sie sie an, sehen Sie nur genau hin, ist sie nicht göttlich unsere Elektra, wie sie so verloren dasitzt! Finden sie nicht auch? Es ist alles vom Besten, könnte man meinen. Aber ist das wirklich so?

Meine Damen und Herren, was es bedeutet, aus königlichem Hause zu sein, auf Schritt und Tritt verfolgt und beobachtet zu werden, jedes kleine Ungeschick und jedes noch so geringe Fehlverhalten verzeichnet zu wissen, jeden Seitensprung auf jeder Seite eins dokumentiert zu sehen, meine Damen und Herren, was es bedeutet aus königlichem Hause zu sein, das wissen Sie doch alle nur zu gut. *Pause* Was lesen Sie schon groß anderes . .

Pfiffe.

Gut, gut. Es ist erfreulich aus ihrem Protest zu hören, Sie lesen also auch noch etwas anderes. Also dann auch zu etwas vollkommen anderem. Wie meinen Sie, müßte das Leben erst sein für jemanden wie unsere Elektra, die nicht nur königlicher sondern sogar göttlicher Herkunft ist?

Da schweigen Sie! Wo gibt's denn sowas, möchten Sie wissen, für wen gilt das denn. Ja, da gab's vielleicht mal den einen oder anderen. Eigentlich wohl nur diesen einen, der war auch göttlicher Abkunft und menschlicher noch dazu. Das ist schwer vorstellbar, nicht wahr, und sicher ein herbes Schicksal. Doch wen interessiert das eigentlich. Was geht das uns an, könnten Sie sagen. Göttliche Herkunft?! . . . Mein Gott 'nee, denken Sie sich da, wir haben auch so Probleme genug. *Pause*

Aber ich sage Euch, wenn es denn so etwas geben sollte, wie die göttliche Herkunft des Menschen, wäre das nicht geradezu tödlich, gar nicht auszuhalten . . . ein Mordsproblem . . . eine unvorstellbare Last, der vielleicht denkbar größte Fluch von allen *Pause* Was für ein Kreuz! *Pause* Soo zu sein! *Pause* Und das hier! *Pause* In dieser Welt! Hier und jetzt und unter uns. *Pause* Auserwählt und ausgestoßen in einem?

Unruhe, Zischen, Füße scharren.

Wie auch immer. Der Fluch der Tantaliden jedenfalls, um den es heute geht, hat einen ganz speziellen Hintergrund. Elektras Ururgroßvater stammte nicht nur von den Göttern ab, er legte sich auch mit ihnen an.

Orest spricht ein paar Sätze lauter vor sich hin, überprüft Aussprache wie Tonfall und beginnt eine Rolle zu agieren.

THOAS: Über das widerwärtige Verbrechen des Tantalus und die ganze weitere Kriminalgeschichte der Familie wird uns Elektra gleich berichten. Unerhörte

14

Grausamkeiten bestimmen dieses Geschlecht. Greuel über Greuel, neue Schandtaten in jeder neuen Generation. Eine Schändlichkeit folgt hier der anderen. Es fehlt fast keine Missetat, kein Frevel. Nackte Gewalt und Mord, Täuschung und Hinterlist, Inzest, Verrat, hier findet alles sich. In diesen Abgrund führt die unerbittliche Rache der Götter.

Pause

Doch Elektras ganzer Jammer fängt erst an, als Helena, die Frau des Menelaos und Schwester der Klytaimnestra, jaja, die schöne Helena war die Tante von Elektra, von Paris nach Troja entführt wurde.

ZWISCHENRUF: Wohl von Pariiiess nach Dings?

ZWISCHENRUF: Paris, Paris, wir .fahren nach Paris!

Gejohle, Gelächter

THOAS: Nein, nicht wie Sie gerade denken von Pari_s_ nach Troja sondern sie wurde vom

 OREST: Wenn sie dem Menschen frohe Tat bescheren,
Daß er ein Unheil von den Seinen wendet . . .

daß er ein <u>Unheil</u> von den Seinen wendet . . .

daß er ein Unheil von den <u>Seinen</u> wendet . . .

daß <u>er</u> ein Unheil von den Seinen wendet . . .

daß <u>er</u> ein <u>Unheil</u> von den <u>Seinen</u> wendet

OREST: Daß er sein Reich vermehrt, die Grenzen sichert Und alte Feinde fallen oder fliehn:
Dann mag er danken! denn ihm hat ein Gott

15

trojanischen Königssohn Paris von Sparta nach Troja verschleppt.

THOAS: Und das bedeutete nicht Liebe sondern Krieg!

THOAS: Und was für einen Krieg, einen der berühmtesten Kriege überhaupt, einen sagenhaften Krieg, kann ich ihnen sagen

Das führte zum trojanischen Krieg, wie sie sich möglicherweise erinnern. Aber vielleicht kann Elektra uns nachher noch näheres dazu sagen. Doch kommen wir zunächst zum Fluch. Erzählen sie uns doch bitte, Elektra, wie es zu diesem Fluch der Götter kam.

Des Lebens erste, letzte Lust gegönnt.

OREST: des <u>Lebens erste, letzte Lust</u> gegönnt
Mich haben sie zum Schlächter auserkoren
Zum Mörder meiner doch verehrten Mutter,

OREST: Zum <u>Mörder</u> meiner doch <u>verehrten? Mutter?</u>

Zum <u>Mörder</u> meiner doch <u>verehrten Mutter!</u>

Als Orest die Übertragung der Talkshow in seiner Konzentration zu stören beginnt, geht er zum Monitor und dreht den Ton leiser. Man hört die Sendung weiter als Hintergrundgeräusch, etwa wie ent-

16

fernten Straßenlärm, gelegentlich brandet undeutlich Beifall auf oder
Pfeifen und Johlen. Während Orest weiter auf und ab gehend seinen
Text spricht, tritt Pylades von rechts auf. Er sieht Orest beim Rollen-
studium einen Moment zu, ohne von diesem bemerkt zu werden.

OREST:

> Wenn sie dem Menschen frohe Tat bescheren,
> Daß er ein Unheil von den Seinen wendet,
> Daß er sein Reich vermehrt, die Grenzen sichert,
> Und alte Feinde fallen oder fliehn:
> Dann mag er danken! denn ihm hat ein Gott
> Des Lebens erste, letzte Lust gegönnt.
> Mich haben sie zum Schlächter auserkoren,
> Zum Mörder meiner doch verehrten Mutter,
> Und, eine Schandtat schändlich rächend, mich
> Allein durch ihren Wink zugrund gerichtet.
> Und ich, der Letzte, soll nicht schuldlos, soll
> Nicht ehrenvoll vergehn.

PYLADES:

> Die Götter rächen
> Der Väter Missetat nicht an dem Sohn;
> Ein jeglicher, gut oder böse, nimmt
> Sich seinen Lohn mit seiner Tat hinweg.
> Es erbt der Eltern Segen, nicht Ihr Fluch.

Orest wendet sich überrascht Pylades zu, schaut in sein Text-
buch.

OREST:

Uns führt ihr Segen, dünkt mich, nicht hierher.

PYLADES:

Doch wenigstens der hohen Götter Wille.
Ist dieser Typ nicht hier?.

Orest zeigt auf den Monitor

OREST: Da kannst du ihn dir ansehen.

Pylades geht zum Monitor und dreht den Ton wieder lauter.

ELEKTRA: . . . und versuchte die Götter. Nicht genug, daß Götter Menschen versuchen in kindischem Spiel, er tat desgleichen. Er lud zum Mahle die Götter, opferte Pelops, den einzig ihm geborenen Sohn, schlachtete hin sein eigen Blut, tischte auf das eigene Kind, richtete an sein eigen Fleisch und Blut für die Tafel der Götter und sagte: da, nehmet hin und esset ihr!

ZWISCHENRUF: Wo bleibt der Wein?

ZWISCHENRUF: Das Brot?

Pfeifen, Johlen, Trampeln. Pylades steht auf und dreht den Ton ab.

PYLADES: Unerträglich diese Nachmittagstalkshows. Müssen wir wirklich mit diesem Typen umgehen?

OREST: Ich hab's dir hundert mal erklärt: ja! Der macht ja auch nicht nur diesen Mist, der macht auch ganz andere Sachen. Dieser Mann kann uns verdammt noch mal sehr behilflich sein, und außerdem, wir brauchen das Geld! Und zwar dringend. Also reiß dich zusammen.

PYLADES: *in tragischem Ton*

Ich bin noch nicht, Orest, wie du bereit,

In jenes Schattenreich hinabzugehn.

Ich sinne noch, durch die verworrnen Pfade,

Die nach der schwarzen Nacht zu führen scheinen,

Uns zu dem Leben wieder aufzuwinden.

Ich denke nicht den Tod; ich sinn und horche,

Ob nicht zu irgend einer frohen Flucht

Die Götter Rat und Wege zubereiten.

OREST: Ja,ja. Du träume nur. . . . Wir werden unsere Inszenierung nur zustande bringen, wie wir sie uns vorstellen, wie sie uns entspricht, wenn wir die nötige Zeit dafür haben und dafür brauchen wir das nötige Geld. Deswegen sind wir hier, wir machen einen Job, sonst nichts! Eine Stunde, höchstens zwei . . .

PYLADES:*belustigt*

O laß von dieser Stunde
Sich Höllengeister nächtlich unterhalten
Uns gebe die Erinnrung schöner Zeit
Zu frischem Heldenlaufe neue Kraft.

OREST: Und das nötige Kleingeld. Aber du hast recht, wir könnten unseren Dialog gleich einmal durchgehen. Wir sollten unsere Zeit hier nutzen, zu tun ist noch genug.

PYLADES:

Unendlich ist das Werk, das zu vollführen
Die Seele dringt. Wir möchten jede Tat
So groß gleich tun, als wie sie wächst und wird,
Wenn Jahre lang durch Länder und Geschlechter
Der Mund der Dichter sie vermehrend wälzt.

OREST: Also gut, steigen wir gleich ein.

PYLADES: Und wo?

OREST: Wo du gerade warst.

PYLADES: Wo ich gerade . . .

Pylades nimmt das Textbuch an sich

wo war ich, ach ja . . . *wie beiläufig*
Wenn Jahre lang durch Länder und Geschlechter
Der Mund der Dichter sie vermehrend wälzt.
Es klingt so schön, was unsre Väter taten,
Wenn es in stillen Abendschatten ruhend,
Der Jüngling mit dem Ton der Harfe schlürft;
Und was wir tun, ist, wie es ihnen war,
Viel Müh' und eitel Stückwerk! *spricht beiseite*

viel Müh und eitel Stückwerk, hierher stammt das also. . .
Stückwerk wär eigentlich ein toller Titel, meinst du nicht?
OREST: Mach weiter, an die Arbeit!
PYLADES:

So laufen wir nach dem, was vor uns flieht,
Und achten nicht des Weges, den wir treten,
Und sehen neben uns der Ahnherrn Tritte
Und ihres Erdelebens Spuren kaum.
Wir eilen immer ihrem Schatten nach,
Der göttergleich in einer weiten Ferne
Der Berge Haupt auf goldnen Wolken krönt.
Ich halte nichts von dem, der von sich denkt,
Wie ihn das Volk vielleicht erheben möchte.
Allein, o Jüngling, danke du den Göttern,
Daß sie so früh durch dich so viel getan.

Orest nimmt dem Pylades das Textbuch aus der Hand.
OREST:

Wenn sie dem Menschen frohe Tat bescheren,
Daß er ein Unheil von den Seinen wendet,
Daß er sein Reich vermehrt, die Grenzen sichert,
Und alte Feinde fallen oder fliehn:
Dann mag er danken! denn ihm hat ein Gott
Des Lebens erste, letzte Lust gegönnt.
Mich haben sie zum Schlächter auserkoren,
Zum Mörder meiner doch verehrten Mutter,
Und, eine Schandtat schändlich rächend, mich
Allein durch ihren Wink zugrund gerichtet.
Und ich, der Letzte, soll nicht schuldlos, soll
nicht ehrenvoll vergehn.

PYLADES: *nimmt das Textbuch*

20

Die Götter rächen
Der Väter Missetat nicht an dem Sohn;
Ein jeglicher, gut oder böse, nimmt
sich seinen Lohn mit seiner Tat hinweg.
Es erbt der Eltern Segen, nicht ihr Fluch.

Orest entreißt dem Pylades das Textbuch.

OREST:
Uns führt ihr Segen, dünkt mich, nicht hierher.

Pylades entreißt dem Orest das Textbuch

PYLADES:
Doch wenigstens der hohen Götter Wille.

Orest entreißt dem Pylades das Textbuch.

OREST: So ist's ihr Wille denn, der uns verderbt. Nein, so geht das nicht! Du hättest deinen Text auch dabei haben können. Wenn dir unser Stück genauso wichtig wäre wie mir, dann hättest du den Text immer dabei, wo du gehst und stehst. Es sei denn, du könntest ihn schon in- und auswendig hersagen.

PYLADES: Also komm! Das soll einer ahnen! Ich dachte wir spielen hier unsere Minirollen und fertig. Wieso sitzen wir hier rum und warten auf den Kerl. Er ist mit uns verabredet. Wie lange dauert die verdammte Show noch?

OREST: Was weiß ich, kann nicht mehr lange hin sein, ich bin schon eine Weile da.

PYLADES: Und wo ist Iphi? Die sollte auch längst da sein.

OREST: Du kennst sie doch, wenn nicht gerade Vorstellung ist, kommt sie zu spät.

Pylades geht zum Monitor und dreht den Ton wieder lauter.

ELEKTRA: . . . und Pelops, nachdem die Götter zurück ins Leben ihn gerufen, löschte zwei andere Leben aus. Um Hippodameia des Königs Önomaos Tochter zu gewinnen, braucht' er im Wagen-

21

rennen einen Sieg.

ZWISCHENRUF: Immer die Formel eins!

Getrampel, Gelächter.

ELEKTRA: Er hieß den Myrtilos aus Önomaos Wagen die Nägel ziehn und ließ durch Wachs, das Eisen ihn ersetzen. Da nun des Königs Wagen brach, stürzt Önomaos sich zu Tode, und Pelops nahm so leicht die Tochter wie den Sieg. Den Myrtilos aber, statt den versprochnen Lohn ihm zu gewährn, stürzt er ins Meer.

Pylades geht zum Monitor und dreht den Ton ab. Dann nimmt er das Textbuch auf.

PYLADES:

    Was ist des Menschen Klugheit, wenn sie nicht
    Auf jener Willen droben achtend lauscht?
    Zu einer schweren Tat beruft ein Gott
    Den edeln Mann, der viel verbrach, und legt
    Ihm auf, was uns unmöglich scheint, zu enden.
    Es siegt der Held, und büßend dienet er
    Den Göttern und der Welt, die ihn verehrt.

    Orest nimmt das Textbuch wieder an sich.

OREST:

    Bin ich bestimmt, zu leben und zu handeln,
    So nehm' ein Gott von meiner schweren Stirn
    Den Schwindel weg, der auf dem schlüpfrigen,
    Mit Mutterblut besprengten Pfade fort
    Mich zu den Toten reißt. Er trockne gnädig
    Die Quelle, die, mir aus der Mutter Wunden
    Entgegensprudelnd, ewig mich befleckt.

    Pylades zieht Orest das Textbuch fort.

PYLADES

    Erwart es ruhiger! Du mehrst das Übel

Und nimmst das Amt der Furien auf dich.
Laß mich nur sinnen, bleibe still! Zuletzt,
Bedarf's zur Tat vereinter Kräfte, dann
Ruf ich dich auf, und beide schreiten wir
Mit überlegter Kühnheit zur Vollendung.

OREST:

So reden Träumer.

PYLADES: Spotte nicht.
Ein jeglicher muß seinen Helden wählen,
Dem er die Wege zum Olymp hinauf
Sich nacharbeitet. Laß es mich gestehn:
Mir scheinen List und Klugheit nicht den Mann
Zu schänden, der sich kühnen Taten weiht.

OREST: Ja, klug und kühn den Helden nachgerannt!

PYLADES:

Drum hab ich keinen Rat von dir verlangt. . . Was redest du?
Wo steht das?

OREST: *Pause* Ich hab das Zeug so satt.

PYLADES: Was redest du?

OREST: Hast du mal drauf geachtet, was du sprichst? Was sagt
das? Wovon ist die Rede? Wovon reden wir in diesem Text. Von
Göttern? Gut, und was? Daß sie dem Menschen frohe Tat bescheren,
wenn er ein Unheil von den Seinen wendet. Gut, sehr gut. Und weiter: wenn er sein Reich vermehrt, die Grenzen sichert, und alte Feinde fallen oder fliehn: dann mag er danken! Wofür? Für's gelungene
Schlachten? Für Vertreibung? Nun danket alle Gott, hurra, es sind
die Götter mit uns bei der Vergrößerung des Reiches? Ja? Dann mag
er danken, denn ihm hat ein Gott des Lebens erste, letzte Lust gegönnt. . . .

Was ist denn das, des Lebens erste, letzte Lust? Mordlust vielleicht? Kriegslüsternheit? Die Wollust an der unbeschränkten Macht, leben zu lassen oder Leben zu nehmen? Und weiter: Mich haben Sie zum Schlächter auserkoren, zum Mörder meiner doch verehrten Mutter... zum Mörder meiner doch verehrten Mutter. Von Zeit zu Zeit seh ich die Alte gern, heut schick ich sie auf einen andren Stern, ja, auf Geheiß der Götter? Wie heißt's in deinem Text.

Allein, o Jüngling, danke du den Göttern,
Daß sie so früh durch dich so viel getan.

Da sag ich danke, als Orest, recht vielen Dank!

PYLADES: Was hast du plötzlich? Es ist noch dasselbe Stück, das du uns vorgeschlagen hast. Der Klassiker für gerade fünf Personen, für eine kleine Truppe, wie die unsere, als Einstand ideal, hast du gesagt. Von vornherein geschrieben für eine beschränkte Liebhaberbühne. Du hast das ausgesucht, und ganz zu recht. Es sind die großen Menschheitsthemen, in Hoher Sprache dargestellt in einem allseits respektierten Stück. Verstrickung, Schuld und Sühne, am Ende dann Befreiung. Was willst du mehr?

OREST: Was will ich mehr? Es ist noch dasselbe Stück, stimmt, es ist immer dasselbe Stück, das ist es gerade. Ein verteufelt humanes Stück soll das sein? Was für'ne Lesart. *Pause*

Du hast schon recht, ich dachte, wir nehmen diesen Klassiker wie gute Schüler vor, zitieren brav die vorgegebenen Texte und ziehen uns die Rollen wie Kostüme an.

Wir tragen diese eine Weile aufrecht, steif, wie furchtbar fremde Sachen, doch tragen wir sie erkennbar ungern. Sichtbar mißmutig nehmen wir sie hin und zunehmend unwillig, bewegen wir uns in ihnen. Wenn sie wie kratzige Wolle unsere Haut befallen, dann scheuern wir uns an den Wänden und winden unsere Glieder in diesen aufgezwung'nen falschen Kleidern. So trag'n wir nach und nach die Sachen wie diese fremde Sache ab. Und dann, dann werfen wir die abgetrag'nen Lumpen fort! So dachte ich mir das.

PYLADES: Ja und?

OREST: Ja und? Es geht nicht!

PYLADES: Es geht.

OREST: Es geht nicht! Ich kann, je öfter ich das lese und hersagen soll, diesen Weiheton, diese elende Opferfeier, dieses vorsätzlich falsche Verhängnis nicht länger ertragen.

PYLADES: Aber der Mythos vom erblichen Fluch, diese Familienerbsünde ist doch nur die Voraussetzung des Stückes, die Exposition, die uns hinführt zur befreiend menschlichen Tat.

OREST: Ihr führt ins Leben uns hinein, ihr lasst den Armen schuldig werden, dann überlaßt ihr ihn der Pein: denn alle Schuld rächt sich auf Erden? Etwa so? Aber was macht diese Schuld denn so unabweisbar? Die Götter? Falsch, ganz falsch. Der Komment, die Konvention, der Usus, die Glaubenssätze. Der aufgenötigte Lehrsatz: das macht man nicht und das gehört sich so. Und nicht einmal das! Unsere trostlose Folgsamkeit ist es, das Hammelhafte an uns ist es. Wir gehen immer unserer Nase nach, so gedankenleer wie vertrauensvoll, und wir gehen davon aus, daß das nicht falsch sein kann, es ist ja doch die eigene Nase, an der man uns führt. Und man führt uns für jede Sache in's Feld. Im Namen Gottes oder der Götter, des Volkes, des Rechts, des Guten, des Wahren, des Schönen, des Menschlichen, der Ehre, der Treue, der Hingabe, der Pflicht, sind wir gehalten zu handeln. Immer im Namen eines Höheren werden wir geheißen zu nehmen, zu verheeren, zu töten, zu zerstören, zu foltern, zu versehren. Ist das Tragisch? Es ist nur unglaublich dumm! Ohne dieses falsch Tragische gibt es keine Notwendigkeit der Erlösung. Warum fügen wir uns in dieses Opfer. Warum nehmen wir dies Opfer an?

PYLADES: Du redest, als handelte es sich um ein primitives

Schauerstück, einen billigen Horrorfilm ...

er blättert im Textheft

 ... dabei ist das Stück gefeiert als, wörtlich, „Idealbild eines Humanitätsbegriffes", hier: „Iphigenie als Seelendrama" und weiter, „als das Evangelium des deutschen Humanismus" und da, es wurde erklärt zum „ Mythos der reinen deutschen Innerlichkeit!"

OREST: Zum was?

PYLADES: Zum *stutzt* „Mythos der reinen deutschen Innerlichkeit"

OREST: *lacht* Mythos der reinen deutschen Innerlichkeit ... im tiefsten Innern, rein und deutsch ...

PYLADES: *lacht* Evangelium des deutschen Humanismus!

OREST: Evangelium des deutschen Humanismus, ja ich glaube an die unsterbliche Iphigenie, aus dem Geschlecht der Tantaliden, getreue Dienerin der Göttin Diana ...

er nimmt den Besen aus dem Putzwagen, hält ihn wie einen Degen, geht damit spielerisch auf Pylades los.

Göttin des Mondes und der Jagd, Beschützerin der Jungfräulichkeit. Schrecklich ist sie in ihrem Zorn, sogar dem eigenen Gefolge gegenüber, sie fordert Menschenopfer und sie heilt doch auch, sendet mit ihren Pfeilen jähes Verderben oder sanften Tod.

PYLADES: *nimmt sich den Schrubber aus dem Putzwagen, pariert damit den Scheinangriff.*

Aber Götter sollten nicht mit Menschen,
Ganz wie mit ihresgleichen wandeln;
Das sterbliche Geschlecht ist viel zu schwach,
In ungewohnter Höhe nicht zu schwindeln.

OREST:
Schwindel du nur, tu, was dein Herz dich heißt,
Und höre nicht die Stimme guten Rats

Und der Vernunft. Sei zügellos und gib
Dem Trieb dich hin, der dich dahin und dorthin reißt.

PYLADES: Versuch dein Glück, du hast doch keine Chance, denn mit der Dummheit, heißt es, kämpfen Götter selbst vergebens.

OREST: Du sprichst ein großes Wort gelassen aus. Sie kämpfen mit der Dummheit und nicht gegen sie. Das ist es. Wenn ihnen denn gelegen sein sollte an Kämpfen, so lassen sie kämpfen. Sie lassen den Armen schuldig werden, dann lassen sie ihn in der Schuld allein. Das heißt nicht ganz, er wird nach braver Erfüllung der göttliche Mordaufträge in ihrem Auftrag von den Furien, den Erinnyen verfolgt. Aus Rache für Totschlag muß gemordet werden und dann zur Sühne dessen aufs Neue getötet. Es muß ein göttliches Schauspiel sein, von da oben betrachtet, so unbeschreiblich, so grauenhaft dumm. Ein Jahrtausend–Fortsetzungsstück, immer wieder gern gesehen, unsere Serie des Grauens . . .

PYLADES: Man sollte den Göttern eine Satellitenschüssel auf den Olymp stellen. Vielleicht wechseln sie das Programm.

OREST: Oder wir.

PYLADES: Du willst doch nicht im Ernst jetzt noch ein anderes Stück inszenieren?

OREST: Nein, das nicht. Ein anderes wohl nicht, aber vielleicht dieses anders, gegen den Strich, ist nicht Dummheit komisch?

PYLADES: Was sonst, Verstand vielleicht? Aber wie willst du das machen, alles herausstreichen, was dir nicht passt, verschieben, umstellen? Willst du es am Ende umschreiben? . . . Den?

OREST: Was weiß ich? Wir werden sehn.

PYLADES: Ich sehe schon, du willst dein eigenes Stück. Hab's mir schon gedacht. Deine Inszenierung! Dann mach's doch gleich selbst, wenn du kannst.

OREST: Ja, sowieso! Wer macht ein Stück? Der's schreibt, der's spielt, der's sieht! Noch haben wir gar nichts gemacht als abgelesen, die Vorlage heruntergebuchstabiert vom Blatt. Wir sind gerad dabei, uns geeignet zu machen, dies Fremde einzulassen in unsere Sprache. Was haben wir uns angeeignet bis jetzt? Fast nichts! Ich merk grad erst, was unannehmbar ist, was nicht hereingeht.

PYLADES: Ich muß kein Grieche werden und kein Königssohn, um das zu sagen, was da steht, so wie es eben dasteht, fertig, aus!

OREST: Aber sagen und sagen ist zweierlei. Wie . . .

er legt den Besen zurück und blättert im Textbuch,

Wie zum Beispiel . . .

dann spricht er, als machte er eine Bestellung bei einem Kellner

Noch einen! reiche mir aus Lethes Fluten

Den letzten Becher der Erquickung!

Pylades lacht, beeilt sich, die Bestellung auszuführen, hält Orest einen imaginären Becher hin

. . . . . aus Lethes Fluten reiche mir . . . den letzten, kühlen Becher der Erquickung, bald ist der Krampf des Lebens aus dem Busen hinweggespült. Bald fließet still mein Geist, der Quelle des Vergessens hingegeben, zu euch ihr Schatten, in die ew'gen Nebel. Gefällig laßt in eurer Ruhe sich den umgetriebnen Sohn der Erde laben . . . welch ein Geflüster hör ich in den Zweigen, welch ein Geraune aus der Dämmerung . . . sie kommen schon, den neuen Gast zu sehn.

Wer ist die Schar, die herrlich miteinander wie ein versammelt Fürstenhaus sich freut? Sie gehen friedlich, Alt' und Junge, Männer mit Weibern, göttergleich und ähnlich scheinen die wandelnden Gestalten . . . Ist keine Feindschaft hier mehr unter euch? Verlosch die Rache wie das Licht der Sonne? So bin auch ich willkommen und ich darf in euern feierlichen Zug mich mischen.

Nach einer Pause.

PYLADES: Ich sehe, was du meinst.

OREST: Was mein ich denn?

PYLADES: Was mein ich denn, was seh ich denn? Ich hasse diese Spielchen. Ich sehe was, was du nicht siehst, und das ist klug! - -

OREST: Was meinst du denn?

PYLADES: Du gibst - - du gibst den Opfern Raum und nicht dem Opfer? Ja?

OREST: Das ist gut, sehr gut.

PYLADES: Du spielst wie zur Erinnerung - - wie in frischer Erinnerung?

OREST: Aus dem Gedächtnis wie zum Gedächtnis?

PYLADES: Nimm mich nicht auf den Arm. - - Aber doch! So ist es irgendwie,. . . eine Gedächtnisleistung, aus dem Gedächtnis wie zum Gedächtnis, wie eine Arbeit, die getan werden muß. Eine schwere Aufgabe, eine Last, eine unglaubliche Last.

OREST: Zwei Schichten Trauerarbeit? Ein Tag Erinnerungsdienst?

PYLADES: Ja! Im Ernst, ja! Allerdings höchst unfreiwillig. Hör dir doch nur die Wörter an: Trauer arbeit, Gedächtnis leistung, Erinnerungs dienst! Es ist wie ein Zwang, eine Notwendigkeit, es ist unabweisbar.

OREST: Ein Zwangsleiden?

PYLADES: Ja, eine fixe Idee, eine unverrückbare, nicht zu machen und auch nicht fortzubringen, nicht von der Stelle zu bewegen, nicht zu verwischen, nicht zu bemänteln.

OREST: Also ein Schandfleck?

PYLADES: Ein Feuermal, ein Brandzeichen.

OREST: So ein denk mal an, ja?

PYLADES: Ein Denkmal?

OREST: Ein Mahnmal!

PYLADES: Ja, mahn mal, nur immer zu, du! Mit deinem Zynismus, deinem Sarkasmus . . .

OREST: Aber, du hast doch recht, und wie du recht hast. Es sind die alten Furien, die keine Ruhe geben, noch immer die alten. Erinnern Sie sich? Wenn nicht erinnyen wir Sie.

PYLADES: Kalauer!

OREST: Nicht nur! Halten nicht die Erinnyen das Opfer aufrecht?

PYLADES: Wie meinst du das?

OREST: Von Furien gehetzt, wie von Furien gehetzt, den Ausdruck gibt es noch! Was für die Römer die Furien waren, waren die Erinnyen für die Griechen, Rachegöttinnen! Sie geben keine Ruh, sie geben dem Täter keine Ruh. Sie folgen ihm, sie verfolgen ihn unablässig, bis ans Ende der Welt und bis ans Ende seiner Tage. Damit auch er, der Täter, schließlich ein Opfer sei und für seine Tat geopfert werde.

PYLADES: Das scheint aber nur bei den alten Griechen gut funktioniert zu haben. Moderne Täter leben oft sehr gut. Die haben, scheint's, ein gutes Gewissen oder auch gar keins.

OREST: Mag sein, sie machen sich kein Gewissen aus ihrem Tun. Aber, es scheint vielleicht oft auch nur so.

PYLADES: Dann halten Sie sich übrigens an den Text, wie heißt es da:

Erwart es ruhiger! du mehrst das Übel

Und nimmst das Amt der Furien auf dich.

OREST: Das Amt der Furien! Wieso ist mir das nicht längst aufgegangen? Er schreibt tatsächlich: das Amt der Furien. Was kann das sein? Ein Gedenkamt? Ein Erinnerungskataster? . . . Halten nicht die Erinnyen das Opfer aufrecht durch . . . Opfern? Verfolgung durch Verfolgung? Demnach eine Strafverfolgungsbehörde dieses Furienamt!

PYLADES: Verfolgung als Gottesdienst?

OREST: Als übermenschliche Aufgabe, jedenfalls nicht nachzulassen, nichts einfach sein zu lassen, als Geschehenes, vergangen und abgetan, nichts jemals vergehen zu lassen. Was unerträglich ist, muß untragbar bleiben. Was niemals hätte sein dürfen, muß eben darum bleiben, was nicht hätte geschehen dürfen, darf danach nie vergehen.

PYLADES: Also handelt es sich hier um das Amt zur Erhaltung des Gedächtnisses.

OREST: So könnte man sagen. Obwohl das Gedächtnis, die Erinnerung, einer anderen Göttin aufgetragen ist.

PYLADES: Nämlich?

OREST: Mnemosyne.

Pylades notiert sich das auf das Textbuch.

PYLADES: Menemosyne, wie schreibst du das?

OREST: M-N-E-M-O-S-Ü-H-N-E   *beide lachen* Göttin des Gedächtnisses, Tochter, na von wem?

PYLADES: Des Zeus?

OREST: Genau, und Mutter aller Musen!

PYLADES: Mutter aller Musen, das wußt ich nicht. *Pause*
Gibt es keine Erlösung?

OREST: Erlösung?

PYLADES: Ja, Erlösung!

OREST: Für wen?

PYLADES: Ich mein ja nur. Es kann ja nur Erlösung geben oder kein Ende. Ein Erlöschen vielleicht?

OREST: Vielleicht.

PYLADES: Wie eine auslaufende Bewegung.

OREST: Was für eine Bewegung?

PYLADES: Eine Wellenbewegung. Ein Zucken, ein Schütteln. So, wie ein Schüttler in seiner immer gleichen Bewegung eines Tages doch einhält.

OREST: Letzte Zuckung?

PYLADES: Heilung, was weiß ich, ob es so etwas gibt.

OREST: Bei Parkinson vielleicht, Mnemosühne ist unheilbar. Es kann nur eine Erlösung geben oder kein Ende.

PYLADES: Wobei jedes Ende eine Erlösung wäre. . . Und das spielen wir?

OREST: Das spielen wir!

PYLADES: Aber Goethe selber hat das offenbar anders gesehen, Moment, *blättert im Textbuch* da steht etwas im Anhang . . . ein Gedicht . . . hier, diese Widmung hat er einem Schauspieler nach der Aufführung ins Textbuch geschrieben:

Was der Dichter diesem Bande

Glaubend, hoffend anvertraut,

Werd' im Kreise deutscher Lande *betont*

Durch des Künstlers Wirken! laut.

Liebevoll verkünd' es weit:

Alle menschlichen Gebrechen

Sühnet reine Menschlichkeit. *mit Emphase*

Hörst du? Alle menschlichen Gebrechen sühnet reine Menschlichkeit!

OREST: Überwindet sogar Schwerhörigkeit, wenn man nur laut genug davon schreit. Man kann es bloß nicht mehr hören, dieses Geschwätz! Verstehst du? Man kann es einfach nicht mehr mit anhören, weil man es längst nicht mehr hören kann.

PYLADES: Das ist ja ungeheuer logisch, da ist kein Einwand mehr möglich! Man kann nicht, weil man nicht kann.

OREST: Ja, genau. Man kann irgendwann nicht mehr, weil man schließlich nicht mehr kann. Das ist keine Frage der Logik, das ist fraglos eine Tatsache. *Pause* Und du hast recht mit dem ,was du sagst; an diesem Punkt ist kein Einwand mehr möglich, weil alle

Einwände schon gemacht worden sind, wieder und wieder. Und sie haben nicht gefruchtet. Sie sind nicht gehört worden, sind nicht angenommen worden. Und damit ist auch der nicht angenommen worden, der sie unablässig vorbringt. Das ist bei manchen Fragen so und zwischen manchen Gruppen von Menschen. Es gibt nichts zu sagen, weil nichts, das es zu sagen gäbe, angenommen werden könnte. Die Kostbarkeit, angehört zu werden, kann nicht gewährt werden. Du findest kein Gehör, man hört dir nicht zu, deine tiefe oder deine schreckliche Wahrheit findet keine Resonanz, weil sie ganz und gar unannehmbar ist. Nicht mehr erträglich. Und darum ist, davon reden zu müssen, für alle Welt ein Gebrechen; eines, das keine reine Menschlichkeit heilt! *Pause* Ganz im Gegenteil. Es macht krank. Manchmal auf eine sehr praktische Weise.

Andererseits *Pause* Du kennst den Ausdruck: jemandem Gehör schenken? Ein ganz und gar altmodischer aber wunderbarer Ausdruck. Eine bestimmte Geste ist das, eine Gabe, die man dem anderen deutlich erkennbar schenken kann . . . siehst du, so! Ein geneigtes Ohr haben! *Pause* Das ist Zuwendung, nicht im irgendwie übertragenen Sinne sondern konkret! Ich wende mich dir zu, ich bin geneigt dir zuzuhören *Pause* Jemandem geneigt sein, so sieht das aus. *Pause* Das ist Zuneigung, die man in klarer Absicht einem anderen gewährt. *Pause* Nicht dieses unfreiwillige Hingerissensein in einer plötzlichen Aufwallung blöder Verliebtheit. *Pause* So ist Zuwendung, das ist Geneigtsein. *Pause* Du bist mir wichtig. Ich schätze dich. Ich achte deine Meinung. *Pause* Darum suche ich alles fernzuhalten, was meine Aufmerksamkeit für dich trüben könnte, ich schließe die Augen, sieh, ich bin ganz gespannt *Pause* Du kannst dich aussprechen, ich bin ganz Ohr! *Pause* Wunderbar ist das.

Aber das ist, wie gesagt, nicht immer möglich. Wenn, zum Beispiel, das letzte Gehör, das jemand dem Ehepartner nach jahrzehntelangem, unablässigen Gequatsche, Gesabbel und Gebrabbel noch zu bieten vermag, *lauter* das eigene ist, *schreiend* im Hörsturz! Ich kann dich schon lange nicht mehr hören, jetzt kann ich es tatsächlich nicht mehr. Das haben wir nun davon! Das nenne ich dann ein wahrhaft menschliches Gebrechen, ja, selbstauferlegte Sühne aus tiefempfundener reiner Menschlichkeit heraus. Ich kann nun einmal dein unabstellbares Geplapper nicht mehr ertragen, verzeih Liebling, laß dich nicht abhalten davon, mach ruhig weiter so, ich red dir gar nicht drein, ist schon in Ordnung, laß es gut sein, quäl dich nicht, du! Ich geb das Hören auf!

PYLADES: So ist's doch nicht gemeint!

OREST: Das dacht ich mir, aber wie denn?   Alle menschlichen Gebrechen   sühnet reine Menschlichkeit . . . wie funktioniert das? Wenn das hinhaut, her mit der Lösung! Kommt alle her, ihr Hartleibigen, ihr Lieblosen, ihr Geizhälse und Menschenschinder, Verschwender und Verächter, Einseifer und Abgreifer, Beutelschneider, Bauernfänger, Trickbetrüger. Kommt nur her ihr, wir wollen euch wohl erretten. In den Jungbrunnen reiner Menschlichkeit mit euch und augenblicklich werdet ihr anfangen wertzuschätzen und zu achten, die Schwachen zu stärken und die Niedrigen zu erheben, zu loben und zu umarmen, zu liebkosen, zu hegen und zu pflegen. Ja?! Wenn das so ist, her mit dem Wundermittel und Schluß mit dem ganzen Theater. *Pause, besinnt sich*   Komm, laß uns weitermachen.

PYLADES: Wo waren wir? *Nimmt das Textbuch*
                          . . . ach da.
    Erwart es ruhiger! Du mehrst das Übel
    Und nimmst das Amt der Furien auf dich.
    Laß mich nur sinnen, bleibe still! Zuletzt
    Bedarf's zur Tat vereinter Kräfte, dann

Ruf ich dich auf, und beide schreiten wir
Mit überlegter Kühnheit zur Vollendung.
Übergibt Orest das Textbuch. Der spricht gelangweilt zur Seite...

OREST:
Ich hör Ulyssen reden. *Reicht es zurück.*

PYLADES:
                    Spotte nicht.
Ein jeglicher muß seinen Helden wählen,
Dem er die Wege zum Olymp hinauf
Sich nacharbeitet. Laß es mich gestehn:
Mir scheinen List und Klugheit nicht den Mann
Zu schänden, der sich kühnen Taten weiht.
        Übergibt Orest das Textbuch.

OREST: *ohne Betonung*
Ich schätze den, der tapfer ist und grad.
Reicht es zurück.

PYLADES:
Drum hab ich keinen Rat von dir verlangt.
Schon ist ein Schritt getan. Von unsern Wächtern
Hab ich bisher gar vieles ausgelockt.
Ich weiß, ein fremdes, göttergleiches Weib
Hält jenes blutige Gesetz gefesselt;
Ein reines Herz und Weihrauch und Gebet
Bringt sie den Göttern dar. Man rühmet hoch
Die Gütige; man glaubet, sie entspringe
Vom Stamm der Amazonen, sei geflohn,
Um einem großen Unheil zu entgehn.
Übergibt Orest das Textbuch.

OREST:*beinahe leiernd, indem er die betonten Textteile übermäßig
hervorhebt.*

Es scheint, ihr lichtes Reich verlor die Kraft

Durch des Verbrechers Nähe, den der Fluch

Wie eine breite Nacht verfolgt und deckt.

er schneidet Grimassen, klopft mit dem Finger auf den Text

Die fromme Blutgier! löst den alten Brauch

Von seinen Fesseln los, uns zu verderben.

Der wilde Sinn des Königs tötet uns;

Ein Weib wird uns nicht retten, wenn er zürnt.

Übergibt das Textbuch.,wendet sich ab.

PYLADES:

Wohl uns, daß es ein Weib ist! denn ein Mann,

Der beste selbst, gewöhnet seinen Geist

An Grausamkeit und macht sich auch zuletzt

Orest geht kopfschüttelnd fort und setzt sich mit dem Rücken zu Pylades auf einen der Stühle. Pylades folgt ihm aus dem Textbuch vortragend.

Aus dem, was er verabscheut ein Gesetz,

Wird aus Gewohnheit hart und fast unkenntlich.

Allein ein Weib bleibt stet auf einem Sinn,

Den sie gefaßt. Du rechnest sicherer

Auf sie im Guten wie im Bösen. ——

Von rechts betritt Iphigenie die Bühne. Sie stürzt herein im wehenden Mantel, eine Plastiktüte in der Hand.

IPHIGENIE: Aus . . . es ist vorbei . . . es ist bestimmt zu Ende . . . aus und vorbei . . .

PYLADES. Du bist nicht zu spät. Es ist noch Zeit. Das Ganze dauert länger als gedacht.

IPHIGENIE: Was?

PYLADES: *zeigt in Richtung auf den Monitor:* Das da!

Iphigenie geht über die Bühne zu den Stühlen, setzt sich, schaut zum

Monitor. Pylades dreht den Ton lauter

ELEKTRA: Doch in des Pelops Söhnen, Atreus und Thyestes, zeugte der Fluch der Götter Raub und Mord. Atreus war Königserbe in Mykene, Thyestes saß ihm gleich im Süden Argolis'. Atreus hielt einen Widder in der Herde, der gold'ne Wolle trug, nach dem verlangte es Thyestes und nach Aerope, seines Bruders Weib.

ZWISCHENRUF: Immer ran an die goldene Wolle!

Gelächter, Pfiffe

ELEKTRA: Aerope widerstand ihm nicht, sie lag bei ihm und gab Thyestes das gold'ne Vlies.

ZWISCHENRUF: Gott ist dat fies!

Gelächter, Getrampel

IPHIGENIE: *Geht zum Monitor, dreht den Ton leise* Was sind das für Leute und was für Geschichten, ist das immer so?

PYLADES: Das ist die Talkshow, das sind Thoas' Themen!

IPHIGENIE: Zum Teufel! Und dabei sollen wir mitmachen?!

OREST: Wieso nicht? Das ist die Realität des Mediums, nehmt es zur Kenntnis. Das ist alltägliche Wirklichkeit, wo lebt ihr eigentlich? Schaut euch das ruhig mal an, es geht hier nicht nach eurem Geschmack . . . oder nach meinem.

Iphigenie dreht den Ton wieder auf, es ertönt ein lautes Pfeifen, Gröhlen, Lachen, Füßetrampeln. Sie dreht erschrocken wieder ab.

OREST: So ist sie, die Volksbelustigung, ganz im Geiste der Geisterbahn, traurig, schaurig, schön.

IPHIGENIE: Und was sollen wir dabei?

OREST: Chargieren, was sonst. Wir werden sein die hervorragenden Betreffenden für die nachher von uns ergriffen Betroffenen.

IPHIGENIE: Was?!

OREST: Was schon?! Wir liefern das bewegt Bewegende. Den Stoff für die Idolatrine!

IPHIGENIE: Was?!

PYLADES: Was hat dieser Thoas dir eigentlich gesagt, was wir genau hier sollen.

OREST: Genau hat er das nicht gesagt. Wir sollen halt Rollen spielen, aus dem Stehgreif, so eine Art Spontantheater. . .

PYLADES: Etwa auf Zuruf?

OREST: Nicht auf Zuruf! Aber doch so ähnlich. Wir sollen den Ball aufnehmen, ganz nach Bedarf, spontan aus der Situation heraus. Wir sollen eine Hauptperson gewissermaßen ergänzen, ihr zur Seite stehen als angebliche Freunde, Verwandte, Bekannte, was auch immer, sie ist wohl eine Emigrantin, Asylbewerberin, was weiß ich. Thoas sagte nur, das hätte recht viel mit unserem klassischen Stück zu tun und mit der Erarbeitung, die wir gerade machen. Er meinte, das würde unser Vorgehen sehr wahrscheinlich sogar fördern und ihm wenigstens so weit entsprechen, daß wir die Sache hier aus dem Ärmel schütteln könnten. Deswegen hat er auch uns dazu gebeten. Er wollte Profis, er braucht uns wohl, weil für die Einarbeitung von Laien die Zeit zu knapp würde. Mehr weiß ich selber nicht und mehr will ich auch gar nicht wissen. Er zahlt gut und das zählt, vergeßt das nicht.

Iphigenie dreht den Ton wieder an, setzt sich, schaut aufmerksam zu.

ELEKTRA: Als Atreus nun, das zweifache Verbrechen des Bruders länger nicht verborgen blieb, ergriff er Tantalos und Plisthenes, die beiden Söhne des Thyestes, und setzte die Erschlagenen, in einem gräßlich Gastmahl seinem Bruder vor. Mischte ihr Blut zum Wein und gab's dem Vater.

Iphigenie springt auf um den Ton abzudrehen

Da floh Thyestes vor dem Bruder nach Epirus . .

IPHIGENIE: Schauderhaft. . . Schrecklich . . . Schlachtopfer . . .

Blut und Wein. . .

sie geht unruhig über die Bühne, Pylades folgt ihr.

das ist keine Talkshow, das ist ein archaischer Kult.

PYLADES: Das ist so ziemlich dasselbe.

Orest und Pylades lachen. Orest dreht den Ton an, setzt sich wieder, schaut aufmerksam zu.

ELEKTRA: Das Land des Atreus wurde drauf von Hungersnot und Dürre heimgesucht. Und als kein Ende dieser Plagen, den König Antwort suchen ließ, hieß das Orakel ihn den Bruder aufzusuchen. So machte sich der König auf den Weg, brachte Thyestes heim und seinen Sohn, Ägisthos, auch dieser war ein Kind des Greuels.

Iphigenie dreht den Ton ab, nimmt aus einem Plastikbeutel ein Textbuch, schlägt es auf und trägt daraus vor

IPHIGENIE:

Du hast Wolken, gnädige Retterin,

Einzuhüllen unschuldig Verfolgte,

Und auf WInden dem ehrnen Geschick sie

Aus den Armen über das Meer,

Über der Erde weiteste Strecken,

Und wohin es dir gut dünkt, zu tragen.

Weise bist du und siehest das Künftige;

Nicht vorüber ist dir das Vergangene,

Und dein Blick ruht über den Deinen,

Wie dein Licht, das Leben der Nächte,

Über der Erde ruhet und waltet.

Denn die Unsterblichen lieben der Menschen

Weit verbreitete gute Geschlechter,

Und sie fristen das flüchtige Leben

Gerne dem Sterblichen, wollen ihm gerne

Ihres eigenen, ewigen Himmels

Mitgenießendes fröhliches Anschaun
Eine Weile gönnen und lassen.

Iphigenie schaut aus dem Textbuch nach oben und wiederholt langsam aus dem Gedächtnis die Eingangsverse.

Du hast Wolken, gnädige Retterin,
Einzuhüllen unschuldig Verfolgte,
Und auf WInden dem ehrnen Geschick sie
Aus den Armen über das Meer,
Über der Erde weiteste Strecken,
Und wohin es dir gut dünkt, zu tragen.

OREST: Und sei es selbst dieser traurige Ort und Thoas Themen der schäbige Anlaß!

IPHIGENIE: So nötig haben wir das Geld doch wohl nicht, daß wir alles machen müssen, was uns angeboten wird. Ich bin dafür, wir gehen und lassen diesen Thoas seine aberwitzige Show schön alleine machen. Oder seht ihr das anders?

PYLADES: Wir sind im Wort.

IPHIGENIE: Ich nicht!

OREST: Du auch, wir sind schließlich eine Truppe, ich habe für uns alle zugesagt.

Pylades nimmt das Textbuch wieder auf, blättert darin.

IPHIGENIE: Das war ein Fehler, du hättest uns fragen müssen. Wir haben bisher noch alles mit Mehrheit entschieden, *zu Pylades* Was sagst du?

Pylades geht ein paar Schritte und deklamiert dann.

PYLADES:
Ganz anders denk ich, und nicht ungeschickt
Hab ich das schon Geschehne mit dem Künft'gen
Verbunden und im stillen ausgelegt.
Vielleicht reift in der Götter Rat schon lange

Das große Werk. Diana sehnet sich
Von diesem rauhen Ufer der Barbaren
Und ihren blut'gen Menschenopfern weg.
Wir waren zu der schönen Tat bestimmt,
Uns wird sie auferlegt, und seltsam sind
Wir an der Pforte schon gezwungen hier.
IPHIGENIE: Also willst du das mitmachen?
OREST: Wir sind mal hier.
PYLADES: Nimm's als eine Art lustiger Selbsterfahrung.
IPHIGENIE: Gut, dann dreh an . . . dann will ich alles hören und
sehen, in aller Scheußlichkeit, wenn's sein muß.

Orest steht auf, dreht den Ton lauter, setzt sich wieder, schaut auf-
merksam zu. Iphigenie und Pylades gehen auf der Bühne umher. Es
ist Geschrei zu hören, Pfiffe, Füßetrampeln, das erst allmählich ab-
ebbt.

ELEKTRA: Nicht lange hielt die Eintracht in Mykene zwischen
den Brüdern Atreus und Thyestes. Sehr bald schon ließ der heimge-
kehrte König den Bruder in den Kerker werfen. *Pylades nimmt den*
Besen aus dem Putzwagen und führt ihn wie ein Schwert.

Doch hatte seinem Onkel Atreus, Ägisthos lange Rache schon ge-
schworen für seines Vaters Schmach.
ZWISCHENRUFER: Haut'se, haut'se, immer in die Schnauze!
ELEKTRA: Erbot sich trügerischerweise, den Vater umzubringen
in der Haft. *Iphigenie nimmt einen Handfeger aus dem Putzwagen*
und hält ihn wie ein Messer in der Faust

Tat so als suchte er Gelegenheit, den Makel seiner Herkunft zu
vergelten. Ließ in den Kerker sich einschließen, beredet' mit dem
Vater eine List.
1. ZWISCHENRUFER: Gib's ihm, gib's ihm!
2. ZWISCHENRUFER: Immer feste druff!

41

Iphigenie und Pylades verständigen sich mit Blicken und Gesten darauf, den wie gebannt vor dem Monitor sitzenden Orest anzugreifen.

Er kehrt zurück aus dem Verließ, und führt dem Herrscher vor sein blutbeflecktes Schwert, worauf am Meeresstrand der König den Göttern Dankesopfer weiht. Dort endlich stößt Ägisthos ihm das blutbefleckte Schwert tief in den Leib.

1.ZWISCHENRUFER: Auf ihn, auf ihn!

2.ZWISCHENRUFER: Hinein, immer hinein!

Iphigenie und Pylades stoßen mit ihren Waffen zu, Orest springt erschrocken auf.

Thyestes aber, aus der Haft befreit, bemächtigt sich des brüderlichen Reiches, herrscht in Mykene nun allein, doch nicht für lang.

1.ZWISCHENRUFER: Weiter, weiter!

Pfiffe, Johlen. Orest läuft zum Putzwagen und greift sich den Schrubber, worauf sich ein allgemeines Handgemenge entwickelt..

ELEKTRA: Der ält'ste Sohn des Atreus Agamemnon jagt voller Zorn dem Mörder seines Vaters nach. Und stellt ihn endlich, rächt mit seinem Schwert den Mord.

Orest und Iphigenie bedrängen gemeinsam den Pylades. Er wird von Besen und Handfeger getroffen und sinkt zu Boden.

Ägisthos aber blieb verschont. Ihn bewahrten die Götter zum Fluche seines Geschlechtes, die Kette der Rachetaten fortzusetzen. Er herrschte als König im alten Anteil seines Vaters, im südlichen Bereich des Landes Argolis.

ZWISCHENRUFER: Umbringen, auch umbringen den Kerl!

THOAS: Ich sage vielen Dank erstmal an unsere Elektra, das soll's gewesen sein für's erste. Meine Damen und Herren, diese Geschichte könnte natürlich noch endlos so weitergehen, nur uns läuft leider die Zeit davon. Diese Folge ist gar nicht wie gewohnt ein breites Gespräch geworden, nicht einmal ein Dialog, selbst ich bin kaum zu Wort gekommen. Bei dem Thema war etwas anderes als diese andauernde Klage, dieser Trauermonolog wohl auch nicht zu erwarten. Vieles gäbe es noch zu sagen, vor allem von Ihnen natürlich. . . . Hilfe, meine Familie ist verflucht, das will auch erst einmal verkraftet werden, das sprengt natürlich jeden Rahmen. Und deshalb freue ich mich, daß unsere göttliche Elektra hier noch ein weiteres mal zur Verfügung stehen wird, nebst ein paar von ihren Freunden bzw. Verwandten. Also schalten sie morgen wieder ein zu Thoas Themen, wenn es heißt: „Verflucht? Na und!" Gleiche Stelle, gleiche Welle, und es wird verflucht gut weitergehen in unserer nächsten Sendung, das kann ich Ihnen schon mal sagen. Bis dahin! Ich grüße Sie! Machen Sie es gut, und passen Sie auf sich auf! Ihr Thomas Thoas!

Beifall, Getrampel..Es erklingt ein Jingle. Iphigenie geht zum Monitor und dreht den Ton ab. Pylades klopft sich verlegen den Staub von den Kleidern, Orest legt Besen, Schrubber und Handfeger in den Putzwagen zurück. Thomas Thoas kommt durch den Vorhang auf die Bühne, stutzt , als er die drei Schauspieler vor sich sieht.

THOAS: Oh, Gott sei Dank, daß Sie da sind. Haben Sie noch etwas von der Show mitgekriegt? *Die drei nicken.* Das ist gut, sehr gut sogar. Wir wollten eigentlich heute in Ruhe durchsprechen, was ich von Ihnen erwarte, doch dafür ist leider gar keine Zeit mehr. Unsere Planung ist ein wenig durcheinandergeraten. Wir wollten zwei ganz andere Themen machen heute und diese Elektrashow als exotische Einlage erst in der nächsten Woche. Aber wir mußten kurzfristig umdisponieren. Wir haben was läuten hören, daß unsere gute Elektra abgeschoben werden soll, kein Asylgrund. Die ist doch nicht staatlich verfolgt, die kommt bloß aus 'ner bekloppten Familie. Und vor dem Wahn, wo gäb's da ein Asyl? Deshalb zeichnen wir beide Sendungen heute auf. Und für die zweite Sendung nachher, da brauche ich Sie ganz dringend. Wenigstens in aller Kürze müssen wir den Ablauf einmal durchsprechen. . . Aber was stehen wir hier rum auf der ungemütlichen Hinterbühne. Kommen Sie mit in die Kantine, ich spendier 'nen Kaffee . . . Sie können auch etwas essen, wenn Sie wollen. *Pause* Kommen Sie doch . . .

Iphigenie, Orest und Pylades bleiben reglos stehen.

<u>Vorhang</u>

ZWEITER AUFZUG

Die Szene ist unverändert.   Das Licht ist grau gedämpft.

Während der Vorhang sehr langsam aufgeht, schwillt das Geräusch eines lauten Publikums an. Trampeln, Klatschen, Pfeifen steigern sich, der Lärm geht über in rhythmisches Rufen:
CHOR: Wei-ter, wei-ter, wei-ter . . .!
Eine einzelne Stimme heizt an:
CHOR: **II:** Jetzt geht's lo-hos, jetzt geht's lo-hos! **:II** ad. lib.
Andere fallen in den gesungenen Aufruf ein, bis schließlich eine große Gruppe rhythmisch pointierend diese Parole brüllt. Man hört die Stimme des Moderators, Thomas Thoas, hinter dem Vorhang, der mühsam versucht sich Gehör zu verschaffen.
THOAS: Liebes Publikum, nehmen Sie bitte wieder Platz, . . .
CHOR: **II:** Was geht los? Das geht los! **:II**
THOAS: Wenn Sie sich bitte jetzt hinsetzen wollen! . . .
CHOR: **II:** Was wir woll'n, alles was wir woll'n **:II** ad. lib.
THOAS: Setzen, bitte setzen! . . . Es geht sofort weiter! . . .
So setzen Sie sich doch bitte!
Der Lärm ebbt nur langsam ab.
THOAS: Einige kommen doch immer zu spät und drücken sich dann verschämt durch die Reihen! . . . Wenn auch Sie sich jetzt bitte hinsetzen wollten . . . Danke, vielen Dank! Dann darf ich Sie noch um Ruhe bitten. . . Schschscht. . . Ruhe bitte! Die kurze Pause ist vorbei!
Während der Moderator zischend ein nicht sichtbares Publikum zu beruhigen sucht, was einige in diesem Publikum ihrerseits zischend

aufnehmen, ebbt der Lärmpegel hörbar ab. Schritte wandern auf und ab.

THOAS: Wir kommen jetzt, meine Damen und Herren, zu unserer zweiten Runde heute, die, das verspreche ich Ihnen, mindestens so spannend wird wie die erste. Mindestens, wenn nicht noch wesentlich spannender. Hauptperson ist und bleibt unsere göttliche Elektra, deren Schauergeschichte noch lang nicht zu Ende erzählt ist. Aber sie bleibt nicht allein in unserer zweiten Show. Wir stellen ihr zur Seite ein paar Freunde, Verwandte, Bekannte, die sie ein wenig stützen können. Unsere Kandidaten und Tinnen kommen diesmal von dort hinten herein, müssen einen ziemlich langen Weg gehen, die Rampe herunter, und da möchte ich Sie bitten, diesmal, auch angesichts des Themas, nur sehr gemessen zu applaudieren, ja, mit gebremstem Schaum sozusagen, bevor wir ihn oder sie mit offenen Armen aufgenommen haben, um sie fest an unsere Brust zu drücken. Sie werden schon hinterher noch genug zum Lachen finden, wir wollen unsere Kandidaten erst einmal heil hier haben.“

Einige unsichere Lacher.

THOAS: „Als nächstes kommt jetzt gleich zu uns ein Herr O- Rest schenken wir uns, haha, mit einer haarsträubenden Familiengeschichte, sie werden sie nicht glauben, so irrwitzig ist sie, aber die müssen Sie gehört haben. Danach werden sie froh sein über ihre Familie, auch wenn die noch so piefig ist. *Pfiffe.*

Orest und Pylades kommen auf die Hinterbühne und setzen sich auf die Stühle am Tisch. Orest schaut in sein Textbuch, Pylades in den Monitor.

THOAS: Ich sag ja nichts, ihre kenne ich gar nicht und möchte auch zukünftig gern darauf verzichten.*Gelächter* Vielleicht kommen Sie nächste Woche wieder, daß ich wenigstens Sie etwas besser kennenlerne! *Pfiffe, Gelächter.* Nächste Woche machen wir auch ein

46

paar schöne Sachen. Wo hab ich noch die Themen für die nächsten Produktionen, Sie können ja vielleicht ein paar Nachbarn oder Freunde für unsere Shows begeistern, möglichst solche, die noch nicht hier waren. Also da hätten wir am Montag: Ich find's zum Kotzen - Eßstörungen, sehr verbreitetes Leiden, sie müßten nur mal öfter in unsere Kantine kommen, und als zweites: Dein Job macht dich zum Wichtigtuer. Da weiß ich nun nichts von! *Gelächter* Dann am Dienstag: Oma und Opa, ich kann's nicht glauben - ihr habt noch Sex! Ist mir persönlich ziemlich gleichgültig, und als zweites: Ich will Kontakt mit dem Jenseits. Da kommen ein paar Leute, die im Drüben fischen. Am Mittwoch dann: Chaos! Aus der Affäre wurde mehr. Was auch immer, vielleicht das zweite Thema: Mir reicht's! Immer will sie nur das Eine! Was war das noch? Egal, das können wir bis nächste Woche mal so stehen lassen, *Gelächter* dann werden wir schon sehen. Und jetzt machen wir uns schon einmal warm mit einem kleinen freundlichen Applaus bitte für unseren unwahrscheinlichen Herrn O." *Anhaltend freundlicher Beifall.*

THOAS: Nicht gar so sparsam, wenn ich bitten darf. Dann haben wir noch einen Freund von Herrn O, ein Grieche offenbar, ein gewisser Herr Püüh'laah'dess, und nicht zu vergessen die Schwester von Herrn O., sie hört auf den aparten Namen, wie war der noch, Jewgenija, Eugenie, ach, hab ich vergessen, sie werden's ja nachher notfalls von ihr selber hören. Probieren wir mal einen etwas stärkeren Applaus für die Dame, meine Damen und Herren, aber trotzdem in Maßen bitte schön, daß Sie sich bei Bedarf noch steigern können. *Juchzen, lautes Lachen, Trampeln.* Das kam schon fast hin, ein bißchen zuviel Gefühl vielleicht für die Dame, etwas Raum ihr gegenüber sollten sie mir auch lassen.

So, und nun ist es gleich soweit, wir haben geprobt zusammen, wir haben Sie fit gemacht, Sie wissen über alles Bescheid, machen

Sie jetzt mit in unserer Show, auf Sie kommt es an, ohne Sie sind wir gar nichts, wir zählen auf Sie, wir brauchen Sie, Ihre Reaktionen sind gefragt, nehmen Sie Anteil, melden Sie sich, mischen Sie sich ein, sagen Sie Ihre Meinung. *Kleine Pause* So, der Vorspann läuft gleich an, ich begebe mich schon mal auf meine Ausgangsposition, und dann legen Sie wieder los, machen Sie mit, rasen Sie, toben Sie und fangen sie an mit einem Wahnsinnsapplaus für mich, Ihren guten, alten Moderator: Thoomasss Thoas!

PYLADES: Ob die Iphi schon in der Deko ist?

Orest schaut auf.

OREST: Da sitzt sie doch!

PYLADES: Das ist Elektra.

Ein Jingle setzt ein, die Erkennungsmelodie der Show. Tosender, nicht enden wollender Beifall. Pylades steht zögernd auf und dreht den Ton ab. Setzt sich wieder. Es tritt eine sehr lange Pause ein, Orest liest im Textbuch, Pylades schaut aufmerksam zum Monitor und verfolgt sichtlich angespannt den Fortgang der Show. Nach einer Weile vollkommener Stille, bevor es unruhig wird im Saal durch diese gänzliche Ereignislosigkeit, springt Pylades auf, rennt zum Monitor

Aber da, jetzt kommt Iphi. *und dreht den Ton an.*

ELEKTRA: . . .hatte die schönste Frau und Schwester Klytemnästras, Gattin des Menelaos, mit sich entführt. Nach Troja brachte Paris Helena, und in den Mauern dieser starken Stadt hielt er sie bei sich.

PYLADES: Sie steht ganz oben auf der Treppe, siehst du.

ELEKTRA: Die Griechen aber rüsteten ein Heer und eine Flotte wartete in Aulis auf günst'gen Wind, der Tag um Tag nicht kam. Die Mannschaft murrte, wollte fortziehn in den Krieg, ertrug kein Hindernis, verlangte Klärung. Der Seher Kalchas kam nach Aulis und unter großen Ängsten brachte er heraus den Götterspruch, daß, wenn der Wind sich drehn und Trojas Türme fallen sollten, auf dem Altar der Artemis die Tochter Agamemnons Iphigenie als Opfer sollte hingegeben werden.

PYLADES: Jetzt geht sie die Treppe runter. Sie macht das sehr gut, findest du nicht?

ELEKTRA: So geschah's, beinah ... denn als den blutigen Körper man betrachtete, lag eine Hirschkuh da ...

IPHIGENIE:

Die Göttin ist versöhnt:

Sie wollte nicht mein Blut und hüllte rettend

In eine Wolke mich; in diesem Tempel

Erkenn ich mich zuerst vom Tode wieder.

Pylades dreht den Ton ab.

PYLADES: Sag mal, müssen wir auch diese elend lange Treppe runter?

OREST: *ohne aufzusehen* Wir gehen da durch den Vorhang und kommen von der Seite! Die Kamera nimmt uns auf, wir müssen den langen Gang runter und gehen um die Ecke in diese Art Arena, fast ein Amphitheater. Die Zuschauer sehen uns den ganzen Weg kommen auf der Projektionswand.

PYLADES: Immer noch besser als die Treppe!

OREST: Du kannst dir noch mal überlegen, ob du nicht doch lieber im letzten Moment verschwinden sollst. Wär jedenfalls 'ne nette Überraschung für den Thoas.

PYLADES: Das hätten wir uns spätestens in der Pause überlegen müssen.

OREST: Wir haben uns schon richtig entschieden, ich bin jedenfalls sehr gespannt.

PYLADES: Und ich erst ... ich bin total auf ... ich hab' ...

ach vergiß es. . . Wo hat die Iphi ihren Text gelassen, hat sie den etwa mitgenommen?

OREST: Die braucht keine Vorgaben mehr, das kannst du mir glauben, die ist drin in ihrer Rolle. *Zieht ein Textbuch aus der Plastiktüte unter dem Tisch, reicht es Pylades. Der nimmt es, blättert ein wenig darin herum, studiert seine Rolle. Längere Zeit ist es still. Endlich kommt von weither das gedämpfte Geräusch des auflachenden, johlenden, trampelnden Publikums. Beide schauen auf. Orest steht auf und dreht den Ton an.*

THOAS: *lachend, nachdem der Beifall abgeebbt ist* Da haben wir sie beide, Arm in Arm, Elektra und wie war noch mal der Name?

ELEKTRA, IPHIGENIE: Iphigenie!

THOAS: Da ist uns die Iphigenie ein bißchen zu früh in die Veranstaltung geplatzt . . . wir haben sie erst später erwartet, naja, wer kommt schon auf's Stichwort zu solch einer äh schwesterlichen Umarmung . . . wenn man es nicht abwarten kann ins Fernsehen zu kommen, nicht wahr! . . . Meine Damen und Herren, würden Sie die nicht auch gern noch ein zweites Mal so elegant die Treppe herunterschweben sehen? *Lachen, Pfiffe* Aber so bleiben Sie doch, ich bitte Sie, ist ja keine Affäre, nehmen Sie Platz. Einen netten kleinen Beifall noch für unsere Iphigenie, meine Damen und Herren! *Applaus* Vielen Dank. Nun müssen Sie leider noch einmal anfangen, göttliche Elektra, mit der erschrecklichen Geschichte des großen Königs Agamemnon, nachdem uns die Iphigenie gewissermaßen dazwischen gekommen ist. Also, wenn ich bitten darf . . .

IPHIGENIE:

> Heraus in eure Schatten, rege Wipfel
> Des alten heil'gen, dicht belaubten Haines,
> Wie in der Göttin stilles Heiligtum,
> Tret ich noch jetzt mit schauderndem Gefühl,

Als wenn ich sie zum erstenmal beträte,
Und es gewöhnt sich nicht mein Geist hierher.
Pause Orest und Pylades sind aufgesprungen
So manches Jahr bewahrt mich hier verborgen
Ein hoher Wille, dem ich mich ergebe;
Doch immer bin ich, wie im ersten, fremd,
Pylades hat das Textbuch aufgeschlagen und spricht den Iphigeni-
etext halblaut mit, wobei er auf der Bühne hin und hergeht.
IPHIGENIE,PYLADES:
Denn ach mich trennt das Meer von den Geliebten,
Und an dem Ufer steh ich lange Tage,
Das Land der Griechen mit der Seele suchend.
Pause, Orest blättert in seinem Textbuch
Und gegen meine Seufzer bringt die Welle
Nur dumpfe Töne brausend mir herüber. *Pause*
IPHIGENIE,PYLADES,OREST:
Weh dem, der fern von Eltern und Geschwistern
Ein einsam Leben führt! Ihm zehrt der Gram
Das nächste Glück vor seinen Lippen weg,
Ihm schwärmen abwärts immer die Gedanken
Nach seines Vaters Hallen, wo die Sonne
Zuerst den Himmel vor ihm aufschloß, wo
Sich Mitgeborne spielend fest und fester
Mit sanften Banden aneinander knüpften.
Pause, dann zögernd Beifall.
THOAS: Klappt hier denn gar nichts mehr, so wie ich's will? Ich hatte Elektra gebeten, ihre Geschichte fortzusetzen, und nicht die Iphigenie um ihren hochgestochenen Sermon! *Pfiffe* Ich werd schon mitteilen, wenn ich das hören will. Also Elektra bitte!
ELEKTRA: Wie Agamemnon nun in Aulis die Göttin günst'gen

Wind gewährte / das Heer der Griechen stetig leitend nach Troja
fort zum Untergang der Stadt / erschien Ägisthos und belagerte auf
seine Weise Agamemnons Haus und die darin war, Klytemnästra. //
Er nährte ihre Bitterkeit und Trauer und machte ihre stumme Wut be-
redt. / Er stützte sie in ihrer Ohnmacht, er sprach ihr Mut zu und er-
munterte / bis Klytemnästra ihrer Klage fluchend und schreiend Ausdruck gab und ihrem blinden Haß ein klar umriss'nes Ziel. //

Pause Legt' ihre Treue ab wie ein verschliss'nes Tuch, / verwarf
den Gatten, räumt' die Erinn'rung aus, läßt die verwünschte Nähe
des andren so verwehn, wie das vertraute Bild der Tochter ihr ver-
blaßt. / Kein Opfer, daß nicht fortwährt und kein Sinn, der vergeht.//

IPHIGENIE:

O wie beschämt gesteh ich, daß ich dir
Mit stillem Widerwillen diene, Göttin,
Dir meiner Retterin! Mein Leben sollte
Zu freiem Dienste dir gewidmet sein.
Auch hab ich stets auf dich gehofft und hoffe
Noch jetzt auf dich, Diana, die du mich,
Des größten Königes verstoßne Tochter,
In deinen heil'gen, sanften Arm genommen.
Ja, Tochter Zeus', wenn du den hohen Mann,
Den du, die Tochter fordernd, ängstigtest,
Wenn du den göttergleichen Agamemnon,
Der dir sein Liebstes zum Altare brachte,
Von Trojas umgestürzten Mauern rühmlich
Nach seinem Vaterland zurückbegleitet,
Die Gattin ihm, Elektren und den Sohn,
Die schönen Schätze, wohl erhalten hast:
So gib auch mich den Meinen endlich wieder
Und rette mich, die du vom Tod errettet,

auch von dem Leben hier, dem zweiten Tode!

THOAS: Reden die nun miteinander? Oder mit sich selber? Oder mit uns? Und wovon reden die, was war das eben? Haben Sie das verstanden? Meine Damen, mit Verlaub, wir sind auch noch da! *Pause* Oder? *Pause* Ich hör nichts! *schleppender Beifall, dann Pfiffe.*

IPHIGENIE:
Das ist's, warum mein blutend Herz nicht heilt.
In erster Jugend, da sich kaum die Seele
An Vater, Mutter und Geschwister band;
Die neuen Schößlinge, gesellt und lieblich,
Vom Fuß der alten Stämme himmelwärts
Zu dringen strebten: leider faßte da
Ein fremder Fluch mich an und trennte mich
Von den Geliebten, riß das schöne Band
Mit ehrner Faust entzwei. Sie war dahin,
Der Jugend beste Freude, das Gedeihn
Der ersten Jahre. Selbst gerettet, war
Ich nur ein Schatten mir, und frische Lust
Des Lebens blüht in mir nicht wieder auf.

THOAS: Also bitte ruhig und eine nach der anderen. Zunächst Elektra! Wenn ich recht verstanden habe, dann gab sich zuletzt die verlass'ne Klytemnästra einem anderen hin. Na und, das haben wir alle Tage, was weiter?

ELEKTRA: Und lebte mit Ägisthos in Agamemnons Haus und Reich / als einem zweiten Eh'gemahl und Herrscher, und achtet' nicht Elektras und Orest's / so wie ihr Iphigenie, ihr Liebstes, entrissen worden war im grauenhaften Opfer / so gab sie Agamemnons Kinder auf, wie länger nicht ihr eigen. //

IPHIGENIE:
Frei atmen macht das Leben nicht allein.

Welch Leben ist's, das an der heil'gen Stätte,
Gleich einem Schatten um sein eigen Grab,
Ich, Iphigenie, nur vertrauern muß?
Nenn ich das fröhlich selbstbewußtes Leben,
Wenn jeder Tag, vergebens hingeträumt,
Zu jenen grauen Tagen vorbereitet,
Die an dem Ufer Lethes, selbstvergessend,
Die Trauerschar der Abgeschiednen feiert?
Pause
Ein unnütz Leben ist ein früher Tod!
PYLADES: Was macht sie da?
OREST: Was sie macht? Kontext! Ein starkes Stück. Sie fügt als
Iphigenie zusammen und Thoas ahnt scheinbar noch gar nichts; das
ist gut, sehr gut.
ELEKTRA: Wohl hatten Klytemnästra und Ägisth den Schein ge-
wahrt nach außen hin, als hüteten sie treu Palast und Reich / Doch
quälte sie von Tag zu Tag die Sorge mehr / wie sie bei Agamemnons
Rückkehr sich / vor seiner blutigen Rache schützen könnten / Noch
hofften sie auf: keine Wiederkehr, doch Agamemnon blieb vor Troja
nicht, wie so viel' andere, die der Krieg verzehrte / er kehrte glück-
lich heim zu seinen Ufern / und brachte Opfer dar den Göttern für
Rettung aus dem Sturm und sich're Überfahrt /
Pylades geht an den schwarzen Vorhang, schaut durch den
Schlitz.
OREST: Was siehst du?
PYLADES: Einen schwach beleuchteten Gang. Weiter nichts.
Kannst du mich sehen?
OREST. Wie? Auf dem Monitor? Natürlich nicht, die Kamera ist
nur eingeschaltet, wenn ein Auftritt von hier geplant ist.
PYLADES: Dann ist es gut.

IPHIGENIE.

Wohl dem, der seiner Väter gern gedenkt,
Der froh von ihren Taten, ihrer Größe
Den Hörer unterhält und still sich freuend
Ans Ende dieser schönen Reihe sich
Geschlossen sieht! Denn es erzeugt nicht gleich
Ein Haus den Halbgott noch das Ungeheuer;
Erst eine Reihe Böser oder Guter
Bringt endlich das Entsetzen, bringt die Freude
Der Welt hervor. - Viel grausames Geschick,
Viel Taten des verworrnen Sinnes deckt
Die Nacht mit schweren Fittichen und läßt
Uns nur in grauenvolle Dämmrung sehn.

ELEKTRA: Elektra und Orest ging's besser nicht als Sklaven in ihres eignen Vaters Haus. // Wie glücklich waren die Kinder als diese Freudenbotschaft sie erlöste / doch ließ man sie nicht fort, dem Vater auf dem Wege zu begegnen / Gemess'nen Schrittes und wohl überwacht, mußten sie neben ihrer Mutter gehen und mit Ägisthos, diesem tief gehaßten Mann. // Und als so Agamemnon sie erreichten, warf Klytemnästra, anstatt mit Zärtlichkeit den Gatten zu umfangen, sich wie in übergroßer Ehrfurcht ihm zu Füßen.

IPHIGENIE:

Des Atreus ältster Sohn war Agamemnon:
Er ist mein Vater. - Ihm brachte Klytämnestra
mich - Erstling der Liebe - dann Elektren.
Es war dem Hause Tantals die lang entbehrte
Rast gewährt und ruhig herrschte der König.
Allein es mangelte dem Glück der Eltern
Ein Sohn, und kaum war dieser Wunsch erfüllt,
Daß zwischen beiden Schwestern nun Orest

Der Liebling wuchs, als neues Übel schon
Dem sichern Hause zubereitet war.
Denn um den Raub der schönsten Frau zu rächen,
Rüstet' und sammelt' sich der Griechen Heer.
In Aulis harrten, die mein Vater führte,
Auf günst'gen Wind vergebens: denn Diane,
Erzürnt auf ihren großen Führer, hielt
Die Eilenden zurück und forderte
Durch Kalchas' Mund des Königs ältste Tochter.
Sie lockten mit der Mutter mich ins Lager;
Sie rissen mich vor den Altar und weihten
Der Göttin dieses Haupt!

ELEKTRA: Er hob sie auf und führte sie, die wie in großer Scheu sich von ihm wandte, in ruhigem Schritt zurück in den Palast. / Hier hatte Klytemnästra dem Gatten zum Empfang ein Mahl bereiten lassen und einen Hinterhalt zugleich. // Mitten in diesem Festmahl, dem Könige zu Ehren, sollte von Knechten des Ägisthos er erschlagen werden. / Fallen sollte der Herrscher, wenn arglos und froh er bei den Seinen säße, friedlich wie ein Stier an seiner Krippe. // Doch Klytemnästra wagte nicht den Gatten vor aller Augen hinschlachten zu lassen, und durfte doch die Bluttat nicht verzögern. /

IPHIGENIE:
O enthalte vom Blut ihre Hände!
Nimmer bringt es Segen und Ruhe
Und die Gestalt des Ermordeten. . .

ELEKTRA: Schon war ein warmes Bad dem Heimkehrer bereitet, allein ging Agamemnon ins Badgewölb hinab. Als er der Kleider bar, von Waffen ganz entblößt, arglos ins Bad sich legte, stürzten aus dem Versteck Ägisth und Klytemnästra. Ein festgewirktes Netz warfen sie über ihn. //

CHOR:

O enthalte vom Blut ihre Hände!

Nimmer bringt es Segen und Ruhe!

ELEKTRA: So hatte Klytemnästra heimtückisch ihn ins Netz gelockt; wie einen Fisch, so hielt sie ihn gefangen. / Und so, wie man ein reißend Tier zerhackt, als wäre seine Art schuld an der eig'nen Wut, so hieben sie ihn in Stücke.

THOAS: Und so kommen wir endlich ein Stück weiter. . . oder gleich ein paar Stücke! . . . in ihrer Schauergeschichte Elektra. *Pfiffe*

IPHIGENIE:

Weh dir unseliges Myken!

So haben Tantals Enkel Fluch auf Fluch

Mit vollen wilden Händen ausgesät . . .

THOAS: *laut und verärgert* Würden Sie, liebe Elektra, ihrer hochzuverehrenden Schwester bitte mitteilen, Sie möge endlich einmal für eine Weile den Schnabel halten!

1. ZWISCHENRUFER: Heh! Was ist das?

2. ZWISCHENUFER: Nicht so einen Ton!

ZWISCHENRUFERIN: Das braucht sie sich nicht

bieten zu lassen!

1. ZWISCHENRUFER: Behandelt man so einen Gast?

THOAS: Wie man hier behandelt wird, bestimme immer noch ich.

Pfiffe, Buhrufe

THOAS: So was Hochnäsiges wie diese Diva,

so was war hier wirklich noch nie da! Haha!

ZWISCHENRUFERIN: Die ist nicht aus ihrem Land geflohen,

um sich hier so. . . so . . .

THOAS: Beleidigen zu lassen, wollen Sie sagen, was? Aber ich rede doch gar nicht von der armen Elektra. Was stört ist die hier! *Pfiffe, Buhrufe.* Iphi geh'n Sie, kann man nur sagen.

ZWISCHENRUFER: *in einer Art schwerfälligem Sprechgesang*
Thoas laß die Mädels sing'n,
geh lieber selber mal ein'n trink'n *Gelächter*

THOAS: Ach hört doch auf! Die stört hier maßlos, mit ihrem Wahrheitssucherseelengriechentum. Die Asylantenschwester, die schöne Seele da! Die ist mit allen Wassern gewaschen!

ZWISCHENRUFER: Wasser ist nicht gut. *Gelächter*

CHOR: **II:** Thoas laß die Mädels singen,
geh lieber selber mal einen trinken! **:II**

Pylades rennt plötzlich von der Bühne, verschwindet durch den Spalt in der Sofitte.

THOAS: Ihr seid ja besoffen, ihr Skythen.

1. ZWISCHENRUFER: Wer ist besoffen?

THOAS: Wir hätten längst damit aufhören sollen, Alkohol auszuschenken!

1. ZWISCHENRUFER: Wer ist hier besoffen?

2. ZWISCHENRUFER: Er ist besoffen!

1. ZWISCHENRUFER: Von sich selber besoffen!

2. ZWISCHENRUFER: Von seiner eigenen Bedeutung.

1. ZWISCHENRUFER: Von seiner überragenden Wichtigkeit!

THOAS: Aber ich bitte Sie, das bringt doch nichts, kommen wir zurück zum Thema. . . Meine Herren!

1. ZWISCHENRUFER: Der Herr Thoas gibt sich die Ehre . . .

2. ZWISCHENRUFER: Uns besoffen zu reden. . .

1. ZWISCHENRUFER: Der feine Herr!

2. ZWISCHENRUFER: Meinst du, du kannst uns verachten?

THOAS: Ich soll euch achten? Wofür?

2. ZWISCHENRUFER: Wir geben dir Lohn und Brot.

THOAS: Lohn und Brot!

1. ZWISCHENRUFER: Wir unterhalten die Show, in der du dich

aufspielst.

THOAS: Ihr unterhaltet mich?

CHOR: Wir zählen, auf uns kommt es an, wir nehmen Anteil, wir mischen uns ein, wir sagen die Meinung!

THOAS:

> Ich kenne nichts Ärmeres unter der Sonne
> als euch, Skythen, Banausen, Klatschvolk!
> Ihr nähret kümmerlich eure Träume
> von Vorgeführten und Aufgeblas'nen,
> von Scheinopfern, die sich selber drangeben,
> und darbtet, wären nicht diese Idioten,
> so hoffnungsvolle Toren.

2. ZWISCHENRUFER: Wer ist hier der Tor?

1. ZWISCHENRUFER: Was glaubst du, wer du bist?

THOAS:

> Da ich jung war, nicht wußte, wo aus noch ein,
> wer half mir aus der Bedeutungslosigkeit,
> hat die Qualen gelindert, die Sehnsucht gestillt,
> nach Ansehen und Größe, ich selbst! *Pfiffe*
> Na gut, und letzten Endes auch ihr.

1. ZWISCHENRUFER: Ist das nicht Grund genug, uns zu achten?!

THOAS: Ich euch achten? Dafür?

PYLADES: *außer Atem,*

> **Rez.**   **II:** Thoas hier, Thoas da;
> Thoas weiß alles, Thoas ist klar :**II**

THOAS: *unterbricht ihn* Jetzt auch noch der Herr Pylades, was wollen Sie schon hier? Kommen neuerdings alle ungerufen und machen, was sie wollen?

PYLADES: Thoas ist hier, Thoas ist da;

Thoas bestimmt alles, na klar!

Thoas ist hier, Thoas ist da;

Thoas weiß alles, Thoas ist klar.

CHOR: Thoas hier, Thoas da; Thoas weiß alles, Thoas ist klar!

PYLADES: Thoas hier, Thoas da; Thoas weiß alles, ist ja klar!

CHOR: Thoas hier, Thoas da; Thoas weiß alles, Thoas ist klar!

Thoas hier, Thoas da; Thoas weiß alles, ist ja klar!

Thoas hier, Thoas da; Thoas weiß alles, Thoas ist klar!

Thoas hier, Thoas da; Thoas weiß alles, ist ja klar!

THOAS: Aber ich bitte Sie? Was soll denn das?

PYLADES: Thoas ist gut, Thoas ist toll,

Thoas weiß alles, ist einsichtsvoll!

Thoas ist gut, Thoas ist toll,

Thoas weiß alles, ist einsichtsvoll!

CHOR: Thoas ist gut, Thoas ist toll,

Thoas weiß alles, ist einsichtsvoll!

Thoas ist gut, Thoas ist toll,

Thoas weiß alles, ist einsichtsvoll!

THOAS: Ich verbitte mir das! Das ist . . .

PYLADES: **II:** Thoas ist edel, Thoas ist hehr,

Was Thoas nicht kennt, existiert gar nicht mehr. **:II**

CHOR: **II:** Thoas ist edel, Thoas ist hehr,

was Thoas nicht kennt, existiert gar nicht mehr.

Thoas ist edel, Thoas ist hehr,

was Thoas nicht kennt, das gibt's gar nicht mehr.**:II**

PYLADES: /*Pnigos*/   Thoas.hier.Thoas.da.Thoas.weiß.alles.
Thoas.ist.klar.Thoas.ist.gut.Thoas.ist.toll.Thoas.ist.edel.Thoas.ist.
hehr.was.Thoas.nicht.kennt.existiert.gar.nicht.mehr.was.Thoas
nicht.will.kommt.hier.nicht.her.kommt.hier.nicht.her.kommt.hier.ni

cht usw. . . *in einem Zug solange der Atem reicht, eventuell etwas einkürzen.*

THOAS: Aufhören, hören Sie sofort auf! Verlassen Sie . . .auf der Stelle verlassen Sie . . .

CHOR: anhaltendes Pfeifen, Klatschen, Trampeln.

II: Pylades, Pylades :II ad. lib. *Stimmen langsam ausdünnen und das Rufen mit dem Beifall beenden.*

IPHIGENIE:

> Denken die Himmlischen
> Einem der Getreuen
> Viele Verwirrungen zu,
> Und bereiten Sie ihm
> Von der Freude zu Schmerzen
> Und von Schmerzen zur Freude
> Tief-erschütternden Übergang:
> Dann schicken sie ihm
> Aus der Nähe des Ortes
> Oder von fernem Gestade,
> Daß in Stunden der Not
> Auch die Hilfe bereit sei,
> einen ruhigen Freund.

CHOR:

> Es fürchte die Gottheit
> Das Menschengeschlecht!
> Sie halten die Herrschaft
> In eigenen Händen
> Und können sie brauchen,
> Wie's ihnen gefällt.

> Der fürchte sie doppelt,

61

Den je sie erheben!
Auf Klippen und Wolken
Sind Stühle bereitet
Um goldene Tische.

Erhebet ein Zwist sich
Und stürzt man die Gäste
Geschmäht und geschändet
In nächtliche Tiefen,
Sie harren vergebens
Beiseite geschoben
Auf freundlichen Abschied.

Er aber, er bleibt nicht
An goldenem Tische,
Im ewigen Glanze!

Es wenden die Seher
Ihr segnendes Auge
Ab, selbst von Titanen,
Verwerfen ihr Ansehn,
Und hoffnungslos irren
Die eh'mals Geliebten
Im Stillen umher.

THOAS: Aber ich bitte Sie, meine sehr verehrten Damen und Herren, sie können doch nicht einfach . . .

CHOR:
Es fürchte die Gottheit
Das Menschengeschlecht!
Sie halten die Herrschaft

In eigenen Händen
Und können sie brauchen,
Wie's ihnen gefällt.

THOAS: Aber ich bitte Sie, meine sehr verehrten Damen und Herren, bedenken Sie doch!

CHOR:
Der fürchte sie doppelt,
Den je sie erheben!
Auf Klippen und Wolken
Sind Stühle bereitet
Um goldene Tische.

THOAS: So besinnnen Sie sich doch...

CHOR:
Erhebet ein Zwist sich
Und stürzt man die Gäste
Geschmäht und geschändet
In nächtliche Tiefen,
Sie harren vergebens
Beiseite geschoben
Auf freundlichen Abschied.

THOAS: Ich lasse mir das nicht länger bieten, nicht von Ihnen, von Ihnen nicht!

CHOR:
Er aber, er bleibt nicht
An goldenem Tische,
Im ewigen Glanze!

THOAS: Das lasse ich mir nicht bieten, noch bestimme ich hier, das ist meine Show, auf diesem Sendeplatz in diesem Sender laufen Thoas' Themen, und die bestimme ich! *rhythmisches Klatschen setzt ein* Sie werden meine Show nicht verhindern, eher mache ich die

Sendung ohne Publikum! *das Klatschen wird stärker* Sie verlassen augenblicklich den Saal! *Pfiffe, Trampeln* Raus! Alle raus hier! *Pfiffe, Trampeln, Klatschen, Johlen, das nach einiger Zeit wieder in rhythmisches Klatschen übergeht. Auf dieses Klatschen spricht der Chor:*

CHOR:

>Es wenden die Seher
>Ihr segnendes Auge
>Ab, selbst von Titanen,
>Verwerfen ihr Ansehn,
>Und hoffnungslos irren
>Die eh'mals Geliebten
>Im Stillen umher.
>*das rhythmische Klatschen wird beibehalten*

THOAS: Aber so können wir doch nicht weitermachen! *Pause* Das müssen Sie doch einsehen. *Pause* So geht das doch nicht. *Pause* Sie können mich doch nicht . . . doch nicht einfach. . . nicht einfach so. . . einfach so. . . rausklatschen! . . . *das ganz gleichmäßige, rhythmische Klatschen wird beibehalten und bricht erst nach einer langen Weile abrupt ab. Der Chor spricht laut und jede Silbe gleichmäßig betonend*

CHOR:

>Es wenden die Seher
>Ihr segnendes Auge ab,
>. . . selbst von Titanen,
>Verwerfen ihr Ansehn,
>Und hoffnungslos irren
>Die eh'mals Geliebten
>Im Stillen umher.

Nach einem kurzen Moment der völligen Stille folgt lang anhalten-

der tosender Beifall. Ein verstörter Thoas stürzt auf die Bühne, Orest springt auf. Beide stehen sich für einen Moment gegenüber, dann läuft Thoas zum Monitor und schaltet ihn ab. Das blaue Flackerlicht erlischt, es wird ganz still.

THOAS: Das ist ein Komplott! Eine abgekartete Sache ist das!

OREST: Das sagen ausgerechnet Sie, ein Meister des Komplotts, der große Vorführer und Zurichter der Leute! ... Im übrigen, Sie irren sich, es gab nichts zu verabreden, der reine Stichwortgeber und Antreiber ihrer Show wollte keiner von uns sein. Jeder spielt seine Rolle so, wie er sie sieht, ganz und gar frei. Und glauben Sie mir, dieser Pylades ist auch für mich eine Überraschung.

THOAS: Eine Zumutung, eine Ungeheuerlichkeit ist das. Wie können Sie es wagen, derart in meine Sendung einzugreifen!

OREST: In ihre Sendung?! O, das ist mal ein schöner Ausdruck, so vieldeutig wie er ist. Nehmen Sie es einfach als unsere, sagen wir, theatralische Sendung. Wir konkurrieren, bester Mann, wir probieren aus welche Sendung oder wessen gerade mal besser ankommt. Das war ihr Publikum, jetzt ist es unseres. So sind die Spielregeln, was beschweren Sie sich. Wenn Sie etwas ändern wollen, gehen Sie wieder rein.

THOAS: Und wer gibt ihnen das Recht...

OREST: Welches Recht? Das Recht Leute nach Belieben vorzuführen, das hatten schon Sie sich genommen. Wer hätte so ein Recht zu vergeben? Niemand.

THOAS: Schön, wenn Sie das einsehen! Dann gehen Sie augenblicklich da rein und beenden diesen ... diesen Zirkus.

OREST: Ich werde da reingehen, wenn es soweit ist. Und jetzt entschuldigen Sie bitte ... *Orest schaltet den Monitor ein. Thoas läuft ihm nach, um den Apparat wieder auszuschalten, besinnt sich aber, als Orest sich zu ihm umdreht. Orest setzt sich an den Tisch*

65

verfolgt die Show. Thoas nimmt sich einen Stuhl vom Tisch und kehrt sich ab.

ELEKTRA: Agamemnons Krieger waren der langen Kämpfe müde endlich in ihre Häuser heimgekehrt. / Und nichts befürchtend hatten sie alles Bedrückende, die Rüstung, ihre Waffen von sich getan. / Da suchten nun Ägisthos Männer die weit in der Stadt Verstreuten heim und töteten sie im Bett oder bei Tische oder im Kreis der Kinder friedlich sitzend.

CHOR: Im Bett oder bei Tische oder im Kreis der Kinder friedlich sitzend.

THOAS: Wie entsetzlich! *Thoas nimmt ein Textbuch vom Tisch, blättert darin und liest*

ELEKTRA: Sie festigten ihre Herrschaft durch Gaben und durch Ehrenstellen, die Kriegsämter übertrugen sie den treuesten ihrer Getreuen. Die Tochter Agamemnons sahen sie an als ein gefahrlos Weib, nicht fähig ihnen zu schaden.

CHOR: Nicht fähig ihnen zu schaden.

THOAS: *zitiert aus dem vorgehaltenen Textbuch*

 Entsetzlich wechselt mir der Grimm im Busen?

ELEKTRA: Zu spät bedachten sie, daß in dem Sohn Orest, ob er gleich noch ein Kind, der sich're Rächer nachkomm'.

CHOR: Daß in dem Sohn Orest, ob er gleich noch ein Kind, der sich're Rächer nachkomm.

THOAS:

 Entsetzlich wechselt mir der Grimm im Busen!

 Erst gegen sie, die ich so heilig hielt;

 Dann gegen mich!

ELEKTRA: Gern hätten sie den Knaben, der kaum zwölf Jahr alt war, zu ihrer eig'nen Sicherheit getötet.

THOAS:

Entsetzlich wechselt mir der Grimm im Busen!
Erst gegen sie, die ich so heilig hielt;
Dann gegen mich, der ich sie zum Verrat
Durch Nachsicht und durch Güte bildete.

PYLADES: Doch seine kluge Schwester hier, Elektra, die blieb besonnen, in der Gefahr selbst und der größten Not. Sie schickt' den Bruder heimlich fort mit einem Sklaven, zum König Strophios im Lande Phokis.

CHOR: Sie schickt' den Bruder heimlich fort mit einem Sklaven, zum König Strophios im Lande Phokis.

THOAS:

Zur Sklaverei gewöhnt der Mensch sich gut
Und lernet leicht gehorchen, wenn man ihn nur
Der Freiheit ganz beraubt.

PYLADES: Der zog ihn auf wie einen zweiten Sohn mit seinem eig'nen Sohne Pylades.

CHOR: Der zog ihn auf wie einen zweiten Sohn mit seinem eig'nen Sohne Pylades. Mit seinem eig'nen Sohne Pylades!

ELEKTRA: Doch ich, Elektra, blieb in dem Palast, im Elend, einsam und verhaßt, doch blieb ich in der Hoffnung auf den Bruder.

CHOR: Im Elend, einsam und verhaßt, blieb sie doch in der Hoffnung auf den Bruder.

THOAS: Ja, wäre sie

In meiner Ahnherrn rohe Hand gefallen,
Und hätte sie der heil'ge Grimm verschont:
Sie wäre froh gewesen, sich allein zu retten.

ELEKTRA: Ich mußte in der bitt'ren Feindschaft leben, den Mördern meines Vaters ausgesetzt, in freudeloser Kargheit leerer Jahre, die nichts mir geben wollten, kaum vergehn.

67

CHOR: In freudeloser Kargheit leerer Jahre, den Mördern ihres Vaters ausgesetzt!

ELEKTRA: Die unbekümmert ihrer Laune folgten und klare, sonndurchglänzte Tage in helle Freudenfeste sich verklärten. Mir aber blieben alle Tage dunkelschwer...

PYLADES: Indes Orest und ich uns tüchtig übten im Hause meines Vaters Strophios...

ELEKTRA: Besaß ich nichts als meine Sehnsucht, meinen Haß. - Und ich verbarg ihn nicht, wenn Klytemnästra alljährlich an dem Tag, an dem der Mord geschah, ein Fest gab und den Göttern unsres Hauses Trankopfer spendete auf dem Altar.

CHOR: Ein Fest gab und den Göttern ihres Hauses Trankopfer spendete auf dem Altar!

PYLADES: Orest und ich, wir übten uns täglich im Zweikampf und wir wurden geschickt und stark dabei im Lauf der Zeit...

ELEKTRA: Die nicht vergehen wollte und den Tag nicht brachte, an dem mein Bruder, wie versprochen, mir und den Furien die Vergeltung schaffte, auf die ich brannte und für die ich lebte.

CHOR: Auf die sie brannte und für die sie lebte.

THOAS:
Allein die Tränen, die unendlichen,
Der überbliebnen, der verlaßnen Frau,
Zählt keine Nachwelt und der Dichter schweigt.

ELEKTRA: Doch dann kam dieser Tag und war ein Tag der Trauer, des Entsetzens, als auf der Marmortreppe des Palastes ein Fremder nach der Herrin fragte. Er komme aus Phanote, sagte er, und sei vom König Strophios hergesandt, Nachricht vom Tode des Orest zu bringen. In seinen Händen hielt er eine Urne aus Erz, die reichte er der Mutter...

PYLADES: Und fing zu berichten an, wie Orest nach Delphi zu

den heil'gen Spielen war gegangen. O, er war voller Ehrgeiz, sagt' der Bote, er trat zum Wettlauf in die Bahn und ehe man noch recht ihn seinen Anlauf nehmen sah, dem Winde gleich, ja wie der Blitz war er am Ziel.

CHOR: Dem Winde gleich, ja wie der Blitz war er am Ziel.

PYLADES: Und trug den Siegespreis davon. Und als am andern Tag bei Sonnenaufgang das Wagenrennen seinen Lauf nahm, war er zur Stelle. Mit ihm ein Achäer, ein Spartaner, sowie aus Libyen zwei wohlerfahr'ne Rosselenker, ein Ätolier, ein Thraker und ein Mann aus Änia, dazu ein Böotier und als Zehnter im Wettkampf einer aus Athen. Wie es das Los entschied, stellt man sich auf. . . Gespannt stehen die Lenker in den Wagen, die Peitschen hoch erhoben und halten kaum im Zaum die Pferde, bis das Signal kommt. Dann stiebt das Feld in wilder Fahrt davon, vorwärts jagen die Rosse, dicht an dicht, und das ist eng, das wird zu eng, das geht nicht gut, das kann nicht gut gehn, die Wagen geraten aneinander in voller Fahrt, das Feld kommt in Verwirrung, alles stürzt, in einem Strudel Wagen über Wagen,

CHOR: *in einem Aufschrei* Nein!

PYLADES: nein, nicht alles stürzt, da leitet der Athener sein Gespann zur Seite, weicht den Trümmern aus, kommt gut davon und dort Orest, fährt um den Pulk herum, ganz außen zieht der Wagen seine Bahn, und diese beiden streiten miteinander um den Sieg, nur diese beiden noch. Wie mag das ausgeh'n? Jetzt ist Platz genug für beide in der Bahn und doch sie jagen miteinander, Rad an Rad und Roß an Roß durch das Geläuf. Orest ist vorn, fährt innen an den Säulen, nur ein paar Längen noch zum Sieg - da stürzt er!

CHOR: Er stürzt, er stürzt, nur ein paar Längen noch zum Sieg, da stürzt er!

PYLADES: Streift mit dem Rad die letzte Säule und die Nabe

bricht. So heftig war der Aufprall, daß Orest, die Zügel fest im Griff, vom Wagen auf die Bahn geschleudert wird, und seine schnellen Pferde rasen in wilder Flucht davon, schleifen den Rosselenker mit sich fort zu Tode. - So sagte es der Bote.

ELEKTRA: Wie lang ich auf den Marmorstufen vor dem Palast saß, weiß ich nicht; es war - kein Ort mehr, mich dahin zu flüchten; mein eigner Leib mir, wie mein eigen Grab.

Pause

PYLADES: So fanden wir sie auf, Orest und ich. Der Bote hatte uns berichtet, wie seine falsche Botschaft am Hofe aufgenommen worden war. Mit sorgloser Erleichterung, sagt er, wie auch in tiefem Schmerz. Da hatte Orest gewußt, seine Schwester lebte, und beide eilten wir in den Palast, sie zu erlösen von der Trauer und . . . und . . . das zu tun, was zu vollenden, den weiten Weg wir hergekommen waren.

ELEKTRA: Klytemnästra fiel -

CHOR: *Aufschrei!*

ELEKTRA: sie fiel ihm in den Arm - sie fiel in seine Hände, in die Faust, fiel unter seinen Hieben, fiel.

CHOR: Weh! Er hat's vollbracht! Es ist geschehen.

Pause

PYLADES: Ägisthos hatte unterwegs die Freudenbotschaft vom Tode des Orest erreicht, und hastig kehrte er zum Hof zurück. Die erste, die im Innern des Palastes ihm begegnet, war Elektra. ‚So ist er tot, der Bruder, sprach er, ‚und deine Hoffnung ist dahin.' ‚Sieh selbst, da kommt er,' sprach Elektra, als Orest und ich mit dem verhüllten Leichnam in die Halle traten. ‚So holt doch Klytemnästra', rief er, ‚daß sie auch schaue!'

ELEKTRA: Sie ist da, sprach ich, und hob das Tuch auf.

PYLADES: Am selben Orte starb Ägisthos, an dem mit Klytemnä-

stra er den König von Mykene Agamemnon ins Netz gelockt und ab-
geschlachtet hatte.

PYLADES: Orest aber verfiel in Schwermut.

THOAS: Nachdem den Vatermord durch Muttermord gerächt' er,
da wird er trübsinnig, was wäre nicht gerechter?

Orest springt auf

ELEKTRA: Wohl hatte das Orakel des Apoll die Rachetat dem
Sohn geboten, und doch war's seine Tat und ihre Folgen blieben ihm
unverlierbar, trieben ihn von der Schwelle fort, fort von der Schwester, aus der Stadt, dem Land . . .

PYLADES: Und ich ging mit ihm. Unruhig zogen wir von Ort zu
Ort, doch fand er nirgends Rast; von Albträumen gejagt, von Furien
gehaßt, riß es ihn weiter. Da suchten wir zuletzt Zuflucht im Tempel
des Apollon in Athen. Hier gab der Gott ihm Hoffnung, es verhieß
ein Orakel ihm Erlösung im Tempel seiner Schwester Artemis auf
Tauris. Dorthin zogen wir.

ELEKTRA: Doch hier in diesem Lande, wo der Fremde bedrängt
wird und gejagt und eignen Ängsten, dumpfer Wut, dem blinden
Haß geopfert, hier gerieten sie in die Gefangenschaft des rohen Volkes.

OREST: *indem er von der Bühne geht*
   Es ist der Weg des Todes, den wir treten:
   Mit jedem Schritt wird meine Seele stiller.
   Als ich Apollen bat, das gräßliche
   Geleit der Rachegeister von der Seite
   Mir abzunehmen, schien er Hilf und Rettung
   Im Tempel seiner vielgeliebten Schwester,
   Die über Tauris herrscht, mit hoffnungsreichen
   Gewissen Götterworten zu versprechen;
   Und nun erfüllet sich's, daß alle Not

Mit meinem Leben völlig enden soll.

ELEKTRA: Da kommt Orest!

IPHIGENIE:

Orest?! Mein Bruder. Was fürcht ich noch?

Orest, Elektra leben!

OREST:

Ich bin Orest! und dieses schuld'ge Haupt

Senkt nach der Grube sich und sucht den Tod;

In jeglicher Gestalt sei er willkommen!

IPHIGENIE: Mein Schicksal ist an deines fest gebunden.

THOAS: Die heilge Lippe tönt ein wildes Lied.

IPHIGENIE:

Du wirst nicht untergehen! O daß ich nur

Ein ruhig Wort von dir vernehmen könnte!

O löse meine Zweifel, laß des Glückes,

Des lang erflehten, mich auch sicher werden.

OREST:

Unselige, so mag die Sonne denn

Die letzten Greuel unsers Hauses sehn!

Ist nicht Elektra hier? damit auch sie

Mit uns zu Grunde gehe, nicht ihr Leben

zu schwererem Geschick und Leiden friste.

Gut, Priesterin! Ich folge zum Altar: *Pfiffe*

Der Brudermord ist hergebrachte Sitte

Des alten Stammes; *Pfiffe* und ich danke, Götter,

Daß ihr mich ohne Kinder auszurotten

Beschlossen habt. *Pfiffe* Und laßt euch raten, habt

Die Sonne nicht zu lieb und nicht die Sterne;

Kommt, folget mir ins dunkle Reich hinab!

Pfiffe, Trampeln

72

THOAS:

  Der Grieche wendet oft sein lüstern Auge
  Den fernen Schätzen der Barbaren zu,
  Dem goldnen Felle, Pferden, schönen Töchtern;
  Doch führte sie Gewalt und List nicht immer
  Mit den erlangten Gütern glücklich heim.

OREST:

  Wie sich vom Schwefelpfuhl erzeugte Drachen
  Bekämpfend die verwandte Brut verschlingen,
  Zerstört sich selbst das wütende Geschlecht;
  Komm kinderlos und schuldlos mit hinab!
  Du siehst mich mit Erbarmen an? Laß ab!
  Mit solchen Blicken suchte Klytemnästra
  Sich einen Weg nach ihres Sohnes Herzen;
  Doch sein geschwungner Arm traf ihre Brust.
  Die Mutter fiel! - *lang anhaltend Pfiffe,*
  Buhrufen, Trampeln Tritt auf unwill'ger Geist!
  Im Kreis geschlossen tretet an, ihr Furien,
  Und wohnet dem willkommnen Schauspiel bei,
  Dem letzten, gräßlichsten, das ihr bereitet!

CHOR: Ein alt Gesetz, nicht wir, gebieten euch.

IPHIGENIE:

  O wenn vergoßnen Mutterblutes Stimme
  Zur Höll' hinab mit dumpfen Tönen ruft:
  Soll nicht der reinen Schwester Segenswort
  Hilfreiche Götter vom Olympus rufen?

OREST:

  Nicht Haß und Rache schärfen ihren Dolch;
  Die liebevolle Schwester wird zur Tat
  Gezwungen. Weine nicht! Du hast nicht Schuld.

Seit meinen ersten Jahren hab ich nichts
Geliebt, wie ich dich lieben könnte, Schwester.
Ja, schwinge deinen Stahl, verschone nicht,
Zerreiße diesen Busen und eröffne
Den Strömen, die hier sieden, einen Weg!
IPHIGENIE:
Allein zu tragen dieses Glück und Elend
Vermag ich nicht. - Wo seid ihr?
Wie find ich eure Hilfe?
Schweigen
PYLADES:
Was ist mit euch? - Warum bleibt ihr stumm?
Sucht ihr Trophäen? Sammelt teure Häupter?
Auf's Brett ein ungehörntes Haupt, über die Tür
genagelt, raubt euch nicht den Schlaf? Könnt ihr
die Häupter eurer Lieben nicht mehr seh'n,
nicht die Vergötterten im Glanze eurer Sehnsucht,
die nicht und den nicht, länger stehen seh'n?
THOAS: Du schiebst das Opfer auf; sag an warum?
PYLADES:
Wollt ihr den Thoas? *Pause* Nein? *Pause*
Köpfchen ins Körbchen, husch! *Pause*
Wie zieh ich nun den Widder aus dem Busch?
THOAS: Sprich unbehutsam nicht dein eigen Urteil.
längere Pause
PYLADES:
Was wollt ihr denn? *Pause*
Seid ihr Erinnyen oder seid ihr Eumeniden,
verlangt ihr Rache oder gebt ihr Seelenfrieden?
Pause

CHOR: So geht!   Lebt wohl!

Schritte entfernen sich, einzelne erst, ungeordnet, dann in gleichen Rhythmus verfallend, wie vordem die Hände, werden lauter, enden schließlich auf einen Schlag mit dem donnernd zuschlagenden Tor.

OREST:
    Laßt mich zum erstenmal mit freiem Herzen
    In euren Armen reine Freude haben!

THOAS: So geht ihr also! Na dann, lebt wohl!!

OREST:
    Ihr Götter, die mit flammender Gewalt
    Ihr schwere Wolken aufzuzehren wandelt,

THOAS: Aufzuziehn! Ihr Götter!!

OREST:
    Und gnädig-ernst den lang erflehten Regen
    Mit Donnerstimmen und mit Windesbrausen

THOAS: Mit Windgetöne und mit Donnerbrausen!

OREST:
    In wilden Strömen auf die Erde schüttet,
    Doch bald der Menschen grausendes Erwarten
    In Segen auflöst und das bange Staunen

THOAS: Am Tag als der Regen kam, lang ersehnt,
    heiß erfleht!

OREST:
    In Freudeblick und lauten Dank verwandelt,

THOAS: Auf die durstigen Wälder, auf die staubigen Felder!

OREST:
    Wenn in den Tropfen frisch erquickter Blätter
    Die Sonne tausendfach sich spiegelt

THOAS: Da kamst duuu!

OREST:

>Und Iris freundlich bunt mit leichter Hand
>Den grauen Flor der letzten Wolken trennt:

THOAS: Nun kommst du!

OREST:

>O laßt mich auch in meiner Schwester Armen,
>An meines Freundes Brust, was ihr mir gönnt,
>Mit vollem Dank genießen und behalten.
>Es löset sich der Fluch, mir sagt's das Herz.

THOAS: Was sonst?

OREST:

>Die Eumeniden ziehn, ich höre sie,
>Zum Tartarus und schlagen hinter sich

Thoas macht eine weit ausholende Geste des Türzuwerfens

>Die ehrnen Tore fernabdonnernd zu.

Man hört das Krachen des zufallenden Höllentores. Pause

OREST:

>Die Erde dampft erquickenden Geruch
>Und ladet mich auf ihren Flächen ein,
>Nach Lebensfreud' und großer Tat zu jagen.

Kreischen und lautes Gekicher. Lustiges Jagen, hin und her. Fußgetrappel. Iphigenie kommt als erste zurück auf die Bühne gelaufen. Zu ihrer Verblüffung trifft sie auf Thoas.

THOAS: *das Textbuch in der Hand*

>Du glaubst, es höre
>Der rohe Skythe, der Barbar, die Stimme
>Nicht der Wahrheit und der Menschlichkeit?

Iphigenie bekommt einen Lachanfall.

PYLADES: *kommt durch den Vorhang*

>Der rohe Skythe, der Barbar. . .

OREST: *ihm nach* Was ist mit ihm?

IPHIGENIE: Du glaubst es nicht!

THOAS: *nimmt das Textbuch,hoch, trägt daraus vor*
                ... Ihr glaubt, es höre
   Der rohe Skythe, der Barbar, die Stimme
   Nicht der Wahrheit und der Menschlichkeit?

IPHIGENIE: Die Stimme nicht!

OREST: Ihr glaubt, es höre nicht. . .

PYLADES: Der rohe Skythe, der Barbar. . .

OREST: Die Wahrheit und die Menschlichkeit . . .

IPHIGENIE: Die Stimme nicht!

OREST: Der Wahrheit und der Menschlichkeit ?. . .

IPHIGENIE: Die Stimme nicht!

OREST: Der Wahrheit und der Menschlichkeit! . .

PYLADES: Was ist Wahrheit?

IPHIGENIE: Es hört sie jeder

PYLADES: Die Stimme. . .

OREST: Der Wahrheit und der Menschlichkeit

IPHIGENIE: Geboren unter jedem Himmel

OREST: Der Wahrheit

PYLADES: Und der Menschlichkeit

IPHIGENIE: Es hört sie jeder

OREST: Diese Stimme

PYLADES: Der rohe Skythe, der Barbar. . .

OREST:Und jeder andere. . .

IPHIGENIE: Geboren unter jedem Himmel

OREST: Die Stimme der Wahrheit und der Menschlichkeit!

PYLADES: Der rohe Skythe, der Barbar der. . .

OREST: Thoas!

PYLADES: Und Orest.

OREST: Und Agamemnon!

IPHIGENIE: Klytemnästra.

PYLADES: Ägisthos?

IPHIGENIE: Und Ägisthos!

OREST: Und Thyestes!

IPHIGENIE. Und Atreus!

PYLADES: Und Pelops!

IPHIGENIE: Und Tantalos!

OREST: Tantalos, Pelops, Atreus, Thyestes, Ägisthos und auch Klytemnästra!

IPHIGENIE: Und Agamemnon, der bereit war, seine eigene Tochter zu opfern.

OREST: Und Agamemnon!

PYLADES: Und Abraham! *Pause*

IPHIGENIE: Aga-

OREST: Memnon!

PYLADES: Und Abraham, der bereit war seinen eigenen Sohn zu opfern!

IPHIGENIE, PYLADES: Und Abraham.

OREST: Und?

PYLADES: Und?

IPHIGENIE: Und?

THOAS: Und?

Die Pausen sollen im folgenden jeweils so lang sein wie das vorhergehende Wort bzw. ein mehrfaches davon.

OREST: Abba *Pause*, *Pause*, *Pause*

IPHIGENIE: Aga *Pause*

PYLADES: Abra *Pause*

OREST: Memnon *Pause*

PYLADES: Ham *Pause*, *Pause*

OREST: Und Clov? *Pause , Pause , Pause*
IPHIGENIE: Aga *Pause*
OREST: Abra *Pause*
IPHIGENIE: Memnon *Pause*
OREST: Ham *Pause ,Pause*
PYLADES: Hamm und Clov?
  Pause, Pause , Pause

II: IPHIGENIE Aga   OREST: Abra
   IPHIGENIE Memnon   OREST: Ham **:II** 4X

cresc. IPHIGENIE,PYLADES: Aga?
     OREST,PYLADES: Abra?
     IPHIGENIE,PYLADES: Memnon?
     OREST,PYLADES: Ham?
forte IPHIGENIE,OREST,PYLADES:
     II: Aga! Abra! Memnon! Ham! **:II** 4X

     Drei tiefe, lange Atemzüge Pause

IPHIGENIE: Iphi   *Pause*
OREST: Isa   *Pause*
IPHIGENIE: Genie   *Pause*
OREST: Ak   *Pause , Pause*
PYLADES: Nagg?   *Pause, Pause , Pause*
IPHIGENIE: Iphi   *Pause*
OREST: Isa   *Pause*
IPHIGENIE: Genie   *Pause*
OREST: Ak   *Pause , Pause*
PYLADES: Nagg und Nell? *Pause, Pause , Pause*

79

II: IPHIGENIE: Iphi OREST: Isa
   IPHIGENIE: Genie OREST: Ak **:II** 4X

cresc. IPHIGENIE, PYLADES: Iphi?
   OREST, PYLADES: Isa?
   IPHIGENIE, PYLADES: Genie?
   OREST, PYLADES: Ak?

forte IPHIGENIE, OREST, PYLADES:
   II: Iphi! Isa! Genie! Ak! **:II** 4X
     Pause

CHOR **II:** Apo!. . .Kata!. . .Sta!. . .Sis!! **:II** 3X

  • • – •

Während der Chor maschinenmäßig gleich in Tonhöhe, Lautstärke und Rhythmus, aus einiger Entfernung dreimal den Sprechgesang vorträgt, hebt sich langsam ein kleines Stück weit die Sofitte. Blaues Licht scheint in einem schmalen, scharf umrissenen Streifen herein.

IPHIGENIE: Isa *Pause*
OREST: Aga *Pause*
IPHIGENIE: Iphi *Pause*
OREST: Abra *Pause*
PYLADES: Isa-Aga-Iphi-Abra? *Pause , Pause*
IPHIGENIE, OREST, PYLADES:
II: Isa-Aga-Iphi-Abra! **:II** 3X
IPHIGENIE: Genie?
OREST: Hammemnon!
IPHIGENIE: Iphiak!

PYLADES: Clovclovclov!
OREST: Naggnaggnagg!
IPHIGENIE: Nellnellnell!
OREST: Hammclovclov
IPHIGENIE: Naggnellnell
PYLADES: Clovclovclovclov!
OREST: Abraagaabraham
IPHIGENIE: Isaiphiisaak
OREST: Abraiphiagaisa
OREST: Agaisaiphiabra
PYLADES: Clov!
IPHIGENIE: Nell!
II: OREST: Ham! PYLADES: Nagg! IPHIGENIE: Nell

OREST: Is	PYLADES: Ak	IPHIGENIE: Iph
OREST: Ab	PYLADES: Je	IPHIGENIE: Ga
OREST: Mem	PYLADES: Non	IPHIGENIE: A
OREST: Nell	PYLADES: Nagg	IPHIGENIE: Ab
OREST: Ga	PYLADES: Bra	IPHIGENIE: Ak
OREST: Ham	PYLADES: Mem	IPHIGENIE: Non
OREST: Ga	PYLADES: Nell	IPHIGENIE: Bra
OREST: Ge	PYLADES: Ni	IPHIGENIE: Ham
OREST: Non	PYLADES: Ga	IPHIGENIE: Nell
OREST: Bra	PYLADES: Ga	IPHIGENIE: Mem
OREST: Ak	PYLADES: Phi	IPHIGENIE: Ga :**II** ad.lib.

bis zum Wiedereinsetzen des Chores.

Inzwischen hat sich die Sofitte ganz gehoben, die bisherige graue Hinterbühnenatmosphäre hat sich im blauen Licht allmählich aufgehellt. Es enthüllt sich eine leere Bluebox, die für das Auge kaum einen räumlichen Eindruck zuläßt. Die Schauspieler bewegen sich kreiselnd, schwingend, tanzend über die Bühne und allmählich in diesen leeren blauen Raum hinein.

CHOR II: Apo . . . Kata . . . Sta . . . Sis! :II

•   •   —   •

Als letzter erhebt sich Thoas von seinem Stuhl und folgt schwer-
fällig den anderen nach. Der Chor hält den rhythmischen Sprechge-
sang bis zum Fallen der Sofitte durch. Er hat relativ leise begonnen,
geht nach und nach zum mezzoforte über, steigert sich dann zum
forte und endet in der letzten Silbe „ Sis!!! " in einem Aufschrei.

Im stroboskopischen Licht verwandeln sich die fließenden Be-
wegungen der Schauspieler in eckige Teilbewegungen, was den
Charakter der Auflösung verstärkt. Sie bewegen sich durch die
Bluebox und verschwinden dann nacheinander für den Zuschauer
von der Szene, indem sie sich hinter einen Hänger stellen. Das Stro-
boskoplicht erhellt die leere, blaue Szene noch eine Weile, dann wird
die schwarze Sofitte mit dem letzten, sehr laut gerufenen „ Sis!!! "
fallengelassen.

Beinah im gleichen Augenblick geht auf der Vorderbühne ein hel-
les Arbeitslicht an. Von rechts kommen nacheinander zwei Bühnen-
arbeiter. Der erste geht auf den Putzwagen zu, ruft in Richtung der
ersten Gasse :

1. BÜHNENARBEITER: Ah, da steht der Putzwagen ja, du hast
ihn mal wieder nicht weggeräumt gestern abend!

Er schiebt den Wagen ganz an die Rampe, nimmt den Besen her-
aus und beginnt lustlos zu fegen. Der zweite Arbeiter betritt von
rechts die Bühne. Während er hereinkommt:

2. BÜHNENARBEITER: Ich, wieso ich! Bist du diese Woche
mit Fegen dran oder ich?

Er geht zum Monitor und schaltet ihn ab. Der blaue Schein er-
lischt. Darauf hängt er nacheinander, mit den Sitzflächen nach unten,

82

die Stühle auf den Tisch, nachdem er sie mit dem Ärmel sorgfältig abgewischt hat. Der erste Bühnenarbeiter fegt die Bühne in Richtung auf das Saalpublikum. Kurz bevor er den Kehricht über den Rand fegen könnte, stutzt er und schaut in den Zuschauerraum.

1. BÜHNENARBEITER: Was machen Sie denn noch hier? Hier gibt's nichts mehr zu sehen. Hier wird gearbeitet!

Der zweite Arbeiter, indem er die Reihen der Zuschauer durchmustert:

2. BÜHNENARBEITER: Gehen Sie nach Hause. Sie können morgen wiederkommen. Für heute ist die Show vorbei.

Vorhang

Sonstwo

der satirische Roman, versammelt Ansichten der Provinz in Bargenhoop, einem natürlich rein literarischen Ort auf dem bekannt flachen Land. Eine Gastwirtschaft gibt es hier und ohne seinen Lindenkrug wüßte Ewald Butenschön, der Wirt, gar nicht, was ein sozialer Ort ist. Dabei hat er einmal allerhand studiert, was ihm als Geisteswissenschaft offeriert wurde. Er zog es in der Folge aber vor, ein praktisches Leben zu führen, in dem er dem Mann von der Dorfstraße ungelöste philosophische Fragen vorlegt und ihm die zu gehörigem Nachdenken benötigten Getränke verkauft.

Und eine Kirche hat man im Dorf gelassen, in deren unübersehbare Leere der Herr Pastor Fürchtegott Dissen seine Predigten hallen läßt. Wenn er es nicht vorzieht, sie in Herzförmchen umzugießen für die lebensweise Kolumne: Meine Meinung, die jeden Sonnabend das Hamburger Stadtblatt unter die Leute bringt. Als er wieder einmal dort vorbeischaut, stellt ihn der Kulturredakteur des Blattes einer Gruppe Nachwuchsdichter als leuchtendes Beispiel vor. Pastor Dissen läßt sich erweichen, eine Lesung in Bargenhoop zu veranstalten. Doch wie leicht werden dichterische Intentionen mißverstanden! Wegen stark divergierender Anschauungen über die Interpretation eines Gedichts, werden die Lyriker von den Landwirten grob hinausgeworfen.

Die Bargenhooper wollen ihren Gastwirt selber lesen hören. Aber für seine Geschichte über die Leute von Unseldwyla, die das Schreiben vor dem Lesen erlernen, haben sie auch nicht die rechte Geduld. Sie ziehen es stattdessen vor, sich das Märchen vom Kosmischen Geheimnis anzuhören. Man kann es irgendwie verstehen.

Sonstwo Roman

Herstellung:Libri Books on Demand   ISBN 3-89811-323-X

Manfred Brinkmann

Der kleine Rilke-Baukasten

Eine Anstiftung zum lyrischen Schaffen
nebst 23 beispiellosen Gedichten

ist ein praktisches Beispiel literarischer Komik. Er kommt in der Art
eines Ratgebers daher, karikiert dieses Genre jedoch ebenso wie eine Reihe
literarischer Formen Der Baukasten ist eine Parodie auf den unfreiwilligen
Humor des Hohen Tones verleitet zum Spielen und führt gleich vor, wie es
geht. Und natürlich verspricht der Titel nicht vergebens einen vertieften
Blick auf das Werk des Großmeisters Rainer Maria und in manch andere

Dichterwerkstatt

Was macht des Wortes Arbeitsmann,
trifft man ihn in der Werkstatt an,
Schaut wie flink und frettchenhaft
er an seinem Brettchen schafft.

Seht wie sich in Schweinekringeln
Späne aus dem Hobel ringeln,
abfällig wird die Kunst gemacht,
erhebt sich und das Brett verflacht.

Was bleibet aber,
dichten die Stifte,
sticht sie der Haber?

Erhaltene Norm,
gefüllte Form, er-
habnes Gelaber!

(erscheint im Frühjahr 2000)